150년
하버드
사고력
수업

세계 최고
명문 대학이 전수하는
생각 비법

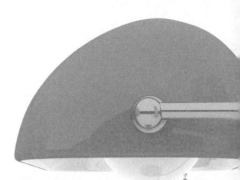

150년
하버드
사고력
수업

송숙희 지음

유노
북스

생각은 깊은 물길처럼 더뎌 보이지만
마침내 이르러야 할 곳에 도달한다.

당신의 미래는
사고력에 달려 있다

《150년 하버드 글쓰기 비법》은 국민 글쓰기 교과서입니다. 시간이 흘러도 이 책의 인기가 좀체 식지 않는 것에 신기해하며 나는 기업이나 기관, 학교의 강연과 교육, 특강 요청에 응했습니다. 하버드대 학생들이 4년 내내 배우는 150년 검증된 논리적 글쓰기 노하우를 보급하느라 바빴습니다.

그러던 어느 날, 홀연히 등장한 챗GPT라는 인공 지능 때문에 나는 혼비백산했습니다. 글 좀 쓴다고 자부하는 나를 대신해 챗GPT가 한 편의 글을 말쑥하게 써 주는 것을 보고 순간 얼어붙었습니다. 그 즉시 이런 질문들이 떠올랐습니다.

‘인공 지능이 다 써 줄 텐데 이제 글쓰기를 배울 필요가 있을까?’

‘인공 지능이 다 써 줄 텐데 하버드 글쓰기 수업에선 뭘 가르치지?’

명색이 한국을 대표하는 글쓰기 전문가로서, 이제 내가 운신할 영역은 없을지 모르겠다고 기함하며 나는 이 질문에 대한 답을 추적했습니다. 그러다 발견했습니다. 하버드대학은 글쓰기 수업에서 글쓰기를 가르친 것이 아니라는 놀라운 사실을요. 하버드대학은 1636년 개교 이래 이 능력 하나를 학생들에게 심어 주기 위해 애를 썼습니다. 최근 150년 동안은 논증적 글쓰기 프로그램으로 이 능력을 키우고 발전시키려 더욱 박차를 가했습니다.

이 능력이란 바로 비판적으로 생각하는 능력, '비판적 사고력'입니다. 그제야 알아차렸습니다. 그동안 내가 글쓰기 수업을 열어 놓고 정작 사고력 수업에 집중했었다는 것을요.

—

소크라테스 시대에서 인공 지능 시대까지
인류가 갈망한 단 한 가지

인공 지능의 미래를 예측하는 목소리는 제각각이지만, 무엇을 예측하든 입 밖으로 내는 순간 구문이 되지만, '인공 지능이 일자리를 위협할 것'이라는 경고는 한목소리입니다. 일자리는 인공 지능 자체가 아니라 인공 지능을 다루는 사람에 의해 대체되고 그렇지 않은 자리는 사라질 것이라 합니다.

2023년에 세계경제포럼에서 제시한 〈일자리의 미래 보고서〉를 보면 향후 5년 동안 기업들이 직원의 역량 가운데 가장 중시하는 것은 '사고 능력'입니다. 갈수록 복잡하고 어렵고 예측 불가능한 갖은 문제가 기업을 위협할 테고 이를 해결하는 데는 임직원의 사고 역량밖에 없다는 기업 측의 관점을 이해하는 증거입니다.

기업들의 이런 바람은 대학들의 인식을 빠르게 바꿉니다. 오세정 전 서울대 총장은 AI 시대의 대학은 사고력 육성이 유일한 목표여야 한다고 말합니다.

"전공도, 교실도, 시험도 다 필요 없어질 것이다. AI 시대 핵심 역량은 사고력이고, 대학은 주입식 교육장에서 '생각 훈련소'로 변해야 한다."

학교와 기업이 한목소리로 주장하는 사고력은 말할 것도 없이 비판적 사고력입니다. 세계의 유명 대학들은 대학 역사만큼이나 오래된 커리큘럼으로 학생들의 비판적 사고력을 키우는 데 주력했습니다. 그중에서도 하버드, 옥스퍼드, MIT 같은 명문 대학이 오래도록 공들여 온 비판적 사고 능력을 키우는 프로그램이 돋보입니다.

하버드는 '논증 글쓰기' 프로그램으로 150년 동안이나 비판적 사고 능력을 키워 주고 있습니다.

옥스퍼드는 학생이 에세이를 쓰면 그것을 읽고 내용과 관련한 대화를 하고 문답을 하며 비판적 사고 능력을 키우는 '튜토리얼' 프로그램을 운영합니다. 튜토리얼 프로그램은 무려 1,000년의 역사를 자랑합니다.

스탠퍼드는 학업 여정의 필수 구성 요소로써 목적이 있고 자신 있게 글을 쓰는 능력을 개발하기를 목표로 '작문 및 수사학' 프로그램을 진행합니다. 학생들이 자신의 생각과 의견을 표현하고 다른 사람들의 생각과 의견을 이해하는 능력을 키우는 데 중점을 둡니다. 이를 위해 글쓰기를 제대로 배우고 다른 사람들의 글을 비판적으로 읽고 분석하는 능력을 키웁니다.

2012년에 개교한 혁신 대학 미네르바스쿨은 입학 첫해 비판적 사고 능력을 키우는 커리큘럼으로 파운데이션을 구축합니다. 학교 측은 학생들이 비판적 사고 능력 키우기를 시작으로 효과적 의사소통, 창의적 사고에 효과적 상호 작용을 배운다고 자신합니다.

인류의 지혜 딥 씽킹의 실천지인 비판적 사고력은 20세기에 들어와 정보가 차고 넘치게 되면서, 또 팬데믹으로 온 세계가 디지털화되면서 그 중요성이 한층 더 부각됐습니다. 하지만 시작은 2,000년 전 철학자 소크라테스가 문답법으로 발휘한 사고 연금술부터입니다. 그리고 21세기 지금, 비판적 사고력은 여전히 하버드대학 사고력 수업의 필수 과목입니다.

생각을 잘하려면
생각부터 할 줄 알아야 한다

이 책은 내 머리로 내 생각 만들기를 돕습니다. '이렇게 생각하라', '저렇게 생각하라' 하는 생각 잘하기 책이 아닙니다. 논리적으로 생각하고 창의적으로 생각하기 같은 생각 잘하기 노하우나 비법은 기본적으로 생각할 줄 아는 사람에게나 필요합니다. 이 책은 '생각하기', 생각을 만드는 기본 방법을 제공합니다. 이를테면 피아노 건반을 두드려 음을 낼 수 있어야, 바이올린 현을 켤 수 있어야, 리코더를 불어 소리를 낼 수 있어야 연주가 가능하듯, 생각을 만들어 낼 수 있어야 더 잘 생각하고 더 멋지게 생각하고 더 빠르게 생각할 수 있지 않겠어요?

정보가 차고 넘쳐 머릿속은 작동되기 일쑤이며 가짜, 진짜, 허위, 실제가 교묘하게 뒤섞여 판단을 흐리게 하는 정보 과부하 시대에 생각하기의 기본은 비판적으로 사고하기입니다. 비판적 사고란 의도한 대로 의미 있는 결과를 만드는 의식적인 생각 작업을 말합니다. 비판적 사고력은 근거가 되는 정보를 합리적으로 검토하고 걸러 내는 '비판적으로 생각하기', 전반적인 사고 과정을 모니터링하고 컨트롤하는 '반성적으로 생각하기', 이 모든 과정을 주도하는 자기 자신을 살피고 점검하는 '메타 인지'라는 세부 사고 기술이 작동할 때 비로소 가능한 차원 높은 사고 능력입니다.

이 책은 한 번도 배운 적 없으나 끊임없이 요구당하는, 직업, 성별, 나이를 막론하고 이 시대를 살아가는 일과 삶의 결정적 기술로써 한 번은 배워야 할 비판적 사고 능력을 키우고 활용하도록 비결과 노하우를 전수해드립니다. 이 책에 등장하는 내용은 하버드대학교, 하버드교육대학원, 하버드경영대학원 등에서 증명하고 강력 추천하는 방법이자 2,000년 전 황제에서 구글, 애플, 아마존, 메타, 맥킨지, 하버드, 옥스퍼드 출신처럼 세상을 움직이는 0.1% 인재들의 사고 습관을 솔루션으로 만든 것입니다.

일과 일상을 지배하는 궁극의 스킬로써 일과 일상을 가로막는 문제 해결, 과제 수행, 더 나은 삶을 위한 의사 결정, 의사소통은 물론 자존감에서 마음챙김, 그리고 AI 대항력까지 관통하는 단 하나의 사고 솔루션으로써 비판적 사고 능력을 이해하고 키우고 습관 들이는 노하우를 소개합니다. 현명하게 생각하고 영리하게 행동하는 비판적 사고의 모든 것, 하버드식 생각하는 힘을 키워드립니다.

이 책은 비판적 사고력을 키우는 단 하나의 연습법, '3찰 포맷 사고법'을 알려드립니다. 3찰 포맷 사고법은 하버드 사고법이라 불리는, 하버드교육대학원에서 개발하고 보급하는 비판적 사고 루틴에 그 토대를 둡니다. 3찰 포맷 사고법은 비판적 사고 루틴입니다. 이 루틴을 활용하면 혼자 생각하고 결정하고 판단하는 과정에서 생길 수 있는 실수나 잘못을 최소화하는 최적의 생각 작업을 가능하게 합니다. 그 결과 의도한 대로 의미 있는 결과를 만드는 사고 습관이 만들어집니다. 3찰 포맷 사고법을 연습하면 비판적 사고의 뇌를 갖게 됩니다. 당신 머리에 비판적 사고 뇌가 장착되면 모든 사고의 근원인 성찰 능력도, 미래 사고의 핵심인 창의성도 기를 수 있습니다. 비판적 사고 능력은 궁극적으로 디지털 시대 최고의 수익원인 지식 콘텐츠 생산성을 높여 줍니다.

하버드대학이 가르치는 비판적 사고력은 어떤 상황이든 의도에 맞게 내 머리로 생각하고, 그러면서 주의를 기울여 관심을 쏟으며 눈치 보지 않고 당당하게 표현하는 자유, 생각하는 힘을 드립니다. 그 자유의 시작점 '생각하는 용기'를 선물합니다.

1636년에 개교하여 세계 최고 명문 대학이라는 브랜드 파워를 일궈 온 하버드대학의 사고력 수업을 시작합니다.

🕮 차례

2교시 당신은 비판적 사고력이 있는가?

3교시 생각의 질서를 어떻게 잡는가?

4교시 뛰어난 생각은 어떻게 탄생하는가?

5교시 비판적 사고력을 어떻게 단련하는가?

6교시 사고력의 격차를 어떻게 벌리는가?

7교시 당신의 생각을 어떻게 실현하는가?

1교시

아는 건
많은데
내 생각은
없다?

우리가 더 이상 스스로 글 쓰는 것을 가치 있게 여기지 않는다면 우리는 더 이상 스스로 생각하는 방법을 모르는 지경에 이를 수 있습니다. 이렇게 되면 설령 AI에 일자리를 빼앗기지 않더라도 아주 중요한 것을 잃게 될 것입니다.

-제인 로젠츠바이크(하버드 글쓰기 센터 소장)

생각을 아웃소싱하는 시대가 왔다

미국 하버드대학은 1872년부터 신입생 전원에게 논리적 글쓰기를 집중적으로 가르치는 프로그램을 운영합니다. 전공 불문, 해마다 신입생 전원이 1학기 이상 필수로 이 프로그램을 수강해야 합니다. 학생들에게 명확하고 간결하며 설득력 있는 글을 쓰는 능력을 키워 주는 것이 150여 년 동안이나 이 프로그램을 지속한 이유입니다. 재학생의 73%가 이 수업으로 '글쓰기 능력 향상은 물론 대학 수업에 더 적극적으로 참여하게 됐다'고 증언합니다. 이 프로그램은 하버드 내 설치된 전문 기구 '글쓰기 센터'를 중심으로 운영됩니다.

제인 로젠츠바이크는 이 기구의 책임자입니다. 오픈AI가 언어 생성 모델인 챗GPT를 대중에게 공개하여 온 세계를 놀라움에 빠뜨린 2022년 11월, 제인 로젠츠바이크 소장은 미국 보스턴에서 발행되는 한 매체에 이런 글을 씁니다.

"글쓰기를 AI에게 맡기는 것은 우리의 사고 기능을 아웃소싱하는 것이다."

이 글에서 제인 로젠츠바이크는 '글쓰기는 생각하기'여서 글을 쓸 때 비판적으로 읽고 생각하고 증거를 고려하는 과정을 거치는 것이 매우 중요한 작업이라고 역설합니다. 만일 AI가 글을 쓰면 학생들은 이런 작업을 하지 않게 되고 결과적으로 비판적 사고를 하지 않게 된다고 경고합니다.

—
왜 글쓰기 선생님이
학생들의 사고력을 걱정할까?

제인 로젠츠바이크 소장은 생성형 AI를 사용하여 글쓰기가 '커피를 주문하는 것만큼 쉽기 때문에' 대학생들이 AI에게 글쓰기를 내주는 것은 시간문제라고 봅니다. 이렇게 되면 학생들은 중요한 글쓰기 기술을 놓칠 수도 있다고 염려합니다. 인공 지능은 아직 인간의 마음을 복제할 수 없기 때문에 글의 뉘앙스와 섬세함을 포착하지 못하고, 학생의 목소리나 스타일을 정확하게 표현하지 못하여 결과적으로 AI에게 글쓰기를 맡긴 학생들은 뻔한 글을 쓰게 될 것이라고 경고합니다.

학교들은 표절과 대필에 이어 AI가 쓴 글을 학술적 부정행위로 간주하는 목록에 추가할 것이지만 궁극적으로는 학생들이 글쓰기를 AI에 아웃소싱함으로써 사고 기능을 아웃소싱하게 될 것이라는 점이 가장 위험하다고 강조합니다. 글쓰기는 생각의 한 형태이기 때문에 글쓰기 과정이 중요하고, AI가 글쓰기를 대신한다면 우리는 글을 쓰지 않을 뿐 아니라 글쓰기 과정도 생략하여 생각조차 하지 않게 된다고 엄중하게 경고합니다.

제인 로젠츠바이크 소장은 글쓰기가 그저 생각을 표현하고 전달하는 수단이나 의사소통 기술이 아니라 비판적인 사고, 윤리적·정서적 능력을 향상시키는 데 도움을 주는데, 이는 인간의 학습과 성장에 필수적이라고 주장합니다. AI에 글쓰기를 내맡기거나 지나치게 의존할 경우 사고 기능이 마비되어 주체성과 정체성, 책임감을 상실할 수 있다고 경고합니다. 그녀는 AI를 단지 글쓰기를 돕는 도구로 사용해야 하고, 글을 쓰면서 생각과 감정을 전달하고, 이 과정을 통해 개성과 인간성을 표현하기를 멈춰선 안 된다고 당부합니다.

"우리가 더 이상 스스로 글 쓰는 것을 가치 있게 여기지 않는다면, 우리는 더 이상 스스로 생각하는 방법을 모르는 지경에 이를 수 있습니다. AI에 일자리를 빼앗기지 않더라도 아주 중요한 것을 잃게 될 것입니다."

하버드뿐 아니라 세계적인 명문 대학들은 인공 지능과 협력하는 글쓰기를 통해 글쓰기 과정을 개선하면서 동시에 비판적 사고 능력을 개발할 수 있는 기회가 가능하다는 점을 인식합니다. 글을 혼자 쓰는 것이 아니라 인공 지능과 공동 프로젝트로 진행하면 아이디어를 상의하고 작성한 초안에 피드백을 받는 등 적잖은 도움을 받을 수 있습니다. 하지만 글을 잘 쓰는 데 필요한 사람의 판단력과 비판적 사고력을 대체할 수는 없기 때문에 인공 지능이 생성한 글쓰기 결과물을 평가하고 비판하는 능력을 키우는 방향으로 발전될 것이라고 기대합니다. 결과적으로 이런 접근이 학생들의 글쓰기 능력을 향상시킬 것으로 봅니다. 또한 학생들에게 인공 지능의 표절과 '아무 말 대잔치'에 대한 위험을 인식시켜 인공 지능 글쓰기 도구를 사용함에 있어 최대한의 윤리적 고려가 가능할 것이라고 봅니다.

정리하면, 인공 지능이 글을 쓸 때 우리가 잃게 되는 것은 사고 능력이며 인공 지능이 쓴 글을 비판적으로 검토하는 사고 과정을 반복함으로써 우리는 사고 능력을 키울 수 있습니다.

가장 빨리
바보 되는 법

챗GPT가 출현하고 겨우 1년쯤 지난 2023년, edX에서 800명의 경영진과 800명의 직원을 대상으로 AI가 업무에 미치는 영향에 대해 설문 조사를 실시합니다. edX는 하버드대학교와 MIT와 설립한 온라인 교육 플랫폼입니다. 전 세계 200개 이상의 대학과 마이크로소프트와 리눅스 재단 등의 기업과 조직이 참여하여 다양한 온라인 강좌를 제공합니다. 설문에 참여한 거의 절반에 가까운 CEO가 업무의 대부분 또는 전부를 AI로 자동화할 수 있다고 답합니다. 미국 기술 전문 칼럼니스트 마이크 앨런은 설문 조사를 소개하며 이렇게 조언합니다.

"CEO는 인간 CEO만이 할 수 있는 중요한 일에 더 많은 시간을 할애할 수 있도록 이런 자동화를 효과적으로 활용하는 방법을 배워야 할 것이다."

—

AI는 달콤하다
그러나 치명적이다

마이크 앨런은 기업들이 꾀할 AI 기반 자동화 업무 가운데 글쓰기 영역에서 가장 빨리 대대적으로 전면적인 전환이 일어날 것으로 예측합니다. 보고서나 기획안 작성, 기사 작성에서 마케팅 문구 만들기, 이메일에서 소셜 미디어 포스팅까지 글쓰기 기술이 필요한 모든 곳에서 나날이 진화하는 AI 소프트웨어가 맹활약할 것이라고 주장합니다. 그 덕분에 직장인은 업무 글쓰기에 골머리 앓지 않아도 되겠지만 궁극적으로는 글쓰기를 대신해 줄 AI 소프트웨어가 인간의 지능을 가장 크게 위협하는 요소가 될 것이라 경고합니다.

마이크 앨런은 글쓰기를 AI에게 맡기는 가장 큰 문제는 글쓰기가 그저 단순히 글쓰기가 아니라 읽기, 쓰기, 사고를 아우르는 문해력의 한 요소이기 때문이라고 설명합니다. 업무 이메일 한 통을 쓰더라도 글을 쓰다 보면 우리 자신의 생각을 정면으로 대면하게 되고, 이를 통해 명확하게 사고하는 능력이 함양되기 때문이라는 설명입니다.

"글쓰기에는 고치는 과정이 필요하고 글로 쓴 것을 읽다 보면 사고의 오류를 깨닫거나 최소한 사고 표현 방식의 오류를 알게 된다. 우리의 생각이 명확하고 정확하게 충분히 표현될 때까지 글을 고치다 보면 사고가 명확해지는데, 이것이 글쓰기에서 가장 중요한 작업이다."

글쓰기를 AI에게 내맡길 경우, 우리에게 닥칠 가장 큰 위험은 글쓰는 능력이 상실되고 비판적 사고를 하지 않게 되어 문해력이 퇴화하고 피상적인 느낌을 기준으로 의사 결정을 하게 되는 것이라고 강조합니다. 글쓰기 능력은 사용하지 않으면 퇴화되는 기술이기에 글쓰기를 AI 소프트웨어에 맡기면 이렇듯 무서운 결과를 초래할 것이라고 경고합니다.

"글쓰기의 이런 행위는 분석하고 창조하며 올바른 의사 결정을 내리고 인생과 업무에 발전을 이뤄 나가는 인간 능력의 핵심이다."

그는 AI가 날이 갈수록 똑똑해지는 것이 위험한 것이 아니라 인간이 날이 갈수록 바보가 되는 것이 훨씬 더 위험하다면서 AI로 인해 바보가 되는 가장 효율적인 방법은 글쓰기 작업을 AI에게 전적으로 맡기는 것이라고 역설합니다. 그 결과 우리의 비판적 기능과 창의적 기능이 퇴화하고 말 것이라는 위협도 서슴지 않습니다. AI로 인해 쓸모없는 존재로 전락할 것이 걱정된다면 오늘부터라도 매일 할 수 있는 일이 있다면서 이렇게 당부합니다.

"AI가 '떠먹여 주는' 말을 받아들이지 마라. 어떤 형태든 자동 글쓰기는 거부하라. 직접 글을 쓰라. 그리고 스스로 사고하라."

하버드 글쓰기 수업은 글쓰기를 가르치지 않는다

하버드에서 글쓰기 프로그램을 20년 동안 진행한 낸시 소머스 교수는 전체 입학생의 25%인 422명을 대상으로 추적 조사하고 연구합니다. 연구진은 글쓰기 경험이 대학 생활에 어떤 영향을 끼치는지를 알아보고 싶었습니다. 연구 결과에 따르면 글쓰기 교육을 받은 신입생 대다수가 이렇게 답합니다.

"수업에서 내 생각을 잘 표현할 수 있게 됐다."
"전공과목에 관심을 갖게 됐다."

연구진은 글쓰기를 좋은 성적을 받기 위한 수단으로 여기기보다 글쓰기를 통해 학업과 관련된 문제를 해결하고 새로운 발견을 한 학생들이 글쓰기 실력도 공부 실력도 훨씬 뛰어난 결과를 보이고 대학 생활도 훨씬 더 잘했다는 사실도 발견합니다. 이 연구는 글쓰기를 의사소통의 도구로써만 간주하던 기존의 관점을 크게 뛰어넘는 연구로 인정받아 '글쓰기 패러다임의 전환'이라고 불립니다.

연구 결과를 더 자세히 보면, 글쓰기를 통해 비판적 사고와 성찰이 가능하고 새로운 아이디어와 해결책을 만들 수 있으며 자신의 생각을 다른 사람들에게 효과적으로 전달할 수 있습니다. 그러니 결과적으로 학업 과정은 물론 향후 사회에 진출한 이후에도 성공할 가능성이 높을 수밖에 없습니다.

—

사고력과 글쓰기의 불가분 관계

하버드에서 글쓰기 수업을 총괄하는 토머스 젠 교수는 사고력은 글쓰기로만 기를 수 있다며, 글쓰기 수업이 곧 사고력 수업이라고 말합니다.

"글쓰기가 단지 생각의 결과를 단어와 문장으로 표현하여 담아내는 것이 아니다. 글쓰기는 생각하기다. 생각한 결과가 아니라 생각 그 자체다."

하버드 글쓰기 센터 제인 로젠츠바이크 소장은 글을 쓰려고 파일을 열 때 우리가 실제로 하는 일은 생각이라고 말합니다. 교수로서 학생들에게 글쓰기를 가르칠 때 실제로 가르치는 것은 글쓰기가 아니라고 합니다.

"우리가 글쓰기를 가르칠 때 사고하기를 가르칩니다. 글쓰기를 가르칠 때 우리는 학생들이 자신의 생각을 파악하는 과정을 거치도록 권장합니다."

하버드 글쓰기 교육에 전담한 낸시 소머스 교수는 모든 대학 교육은 기본적으로 글을 통해 아이디어를 주고받는 방식으로 이뤄진다고 강조하며 이를 장려하기 위해 하버드는 전공과 관계없이 글쓰기를 교육한다고 말합니다. 하버드뿐 아니라 거의 모든 대학에서 학생들은 글쓰기 수업에서 글쓰기를 통해 생각하기를 배웁니다. 직장인도 보고서, 이메일 등 글을 쓰며 생각하고 사고력을 개발합니다. 2018년 노벨경제학상을 공동 수상한 세계적인 창의성 전문가인 뉴욕대 폴 로머 교수는 창의력을 키우는 데 글쓰기만한 방법이 없다고 말합니다. 아마존의 창업자 제프 베이조스는 "사고력을 개발하는 데 글쓰기가 전부"라고 합니다.

하버드와 세계 명문 대학들이 AI를 사용하는 새로운 방식

하버드 글쓰기 센터는 학생들에게 글쓰기 관련 도움을 제공하기 위해서 하버드에 설치된 전문 기구입니다. 2023년 8월, 글쓰기 센터는 AI 시대에 걸맞은 글쓰기 교육의 방향에 대해 새로운 지침을 제시합니다.

지침은 챗GPT 같은 AI 도구가 비판적 사고와 글쓰기를 가르치는 데 어려움과 기회를 동시에 제공한다고 전제합니다. 학생들에게 글쓰기 과제를 할 때 AI를 사용하지 말라는 식으로 틀어막기보다 AI를 적극 활용하여 글쓰기 과제를 하게 함으로써 인공 지능이 만든 콘텐츠에 대한 대항력을 높이는 쪽으로 글쓰기 과제를 재설계하라 조언합니다.

이 지침에서 눈여겨볼 점은 학생들이 글쓰기 과제를 할 때 자신이 공부한 내용을 성찰하도록 요구하라는 것입니다. 학생들이 자신의 아이디어에 어떻게 도달했는지 이야기하거나 그 과정에 주목하게 하라는 주문입니다.

이 지침은 비판적 사고의 중요성을 특히 강조합니다. 비판적 사고가 가능하다면 학생들이 글쓰기 과제를 할 때 사례를 찾거나 데이터 분석을 하는 식으로 AI를 활용할 수 있고, 이런 협업은 학생의 탐구 작업을 더욱 흥미롭게 만들어 줄 것이라고 조언합니다. 아울러 학생들에게 AI가 내놓은 아웃풋의 주장과 증거를 비판적으로 평가하게 하고 챗GPT 사용으로 인해 발생하는 윤리적 문제, 예를 들어 아이디어 도용, AI의 아무 말 대잔치 등을 주도면밀하게 살피도록 권장하라고 요청합니다.

지침은 이런 제안을 실행하는 대표적인 방법으로 요약하기를 제안합니다. 학생들이 해당 수업을 위해 읽은 내용 중 가장 중요하다고 생각하는 점을 몇 분 동안 이야기하며 수업을 시작하게 하라는 방법입니다. 그 내용에서 중요하고 덜 중요한 것을 분별하게 하고 개별적으로 요약본을 작성하게 하라는 방법도 알려 줍니다. 요약하기 위해 내용을 주의 깊게 읽으면 비판적으로 생각하는 기회가 늘어난다고 설명합니다. 이런 식의 요약하기 작업으로 비판적 사고력을 키울 수 있다고 제안합니다.

이제 우리가 집중해야 할 것은
AI가 아니라 더 잘 사고하는 능력

'하버드보다 입학하기 어려운'이라는 수식어로 유명한, 100% 온라인으로 수업하는 혁신 대학 미네르바스쿨에서도 생성 AI가 가져올 학습 상황 변화를 일단은 시인합니다. 벤 넬슨 미네르바스쿨 CEO는 "AI 때문에 학생들이 어떤 일도 할 필요가 없어진다면 표준의 저하를 극적으로 가속화할 수도 있다"라고 말합니다. 그러면서도 "AI를 사용해 정보를 획득하고 이를 기반으로 더 나은 사고를 하고 작업을 할 수 있다면 학습이 심화될 것"이라며 개교 이래 가장 중점을 둔 비판적 사고력 함양에 더욱 박차를 가하겠다는 의지를 내보입니다.

그동안에도 대학들은 학생들의 비판적 사고 능력을 키워 주고 학생들이 비판적으로 사고하도록 돕기 위해 학교 안팎에서 협업했습니다. 하버드 발칸스키 물리학 및 응용 물리학과 에릭 마주르 교수의 주도로 개발한 또래 교수법(peer instruction) 페루솔(Perusall)은 온라인에서 학생과 강사가 읽기에 주석을 달고 서로의 의견과 질문에 서로 응답하는 플랫폼입니다. 이 플랫폼을 통해 강의 중 학생들이 수업 내용이나 읽기 등에 대해 자신의 의견을 드러내며 다른 학생들의 의견을 검토하는 식으로 학습에 참여하고 집중하면서 비판적 사고를 키워 갑니다. 이 솔루션은 하버드 외에도 많은 대학과 기관에서 사용하는데, 특히 코로나19 팬데믹으로 학교가 봉쇄됐을 때

역할이 빛났다고 합니다.

MIT에서는 철학 입문 수업을 온라인으로 합니다. 교수와 전문 강사진이 학생이 올린 에세이를 직접 검토하고 피드백을 합니다. 이 과정을 진행하는 철학과 캐스파 하레 교수는 강의를 듣고 책을 읽는 것도 좋지만, 글쓰기로 학생들이 많은 것을 배운다고 효과를 말합니다.

"철학 에세이를 작성하면서 학생은 교수와 온라인상에서 직접 교류할 수 있고, 동시에 비판적인 시각과 이성적인 사고를 향상시킬 수 있다. 이런 사고는 모든 전공과목에서 중요하다."

대학들의 이런 움직임을 보며, 우리는 하버드를 비롯한 세계 명문 대학들이 글쓰기 수업에서든 혹은 일반 수업에서든 무엇에 더 집중할지, 어떤 능력을 더 키워 주려 할지 짐작하기 어렵지 않습니다. 어떤 방식으로든 학생들은 더 잘 사고하는 능력을 더 많이 배울 것입니다.

생각이 돈인 시대에
사고력이 발목 잡는다

아는 것이 힘이던 그 시절. 만일 주차 문제가 심각해지면 부지를 마련하고 주차장을 짓습니다. 돈도 시간도 많이 듭니다. 지금은 IT 기술력으로 기존의 정보와 자원을 공유하여 주차난을 해결합니다. 이처럼 지식을 활용하여 문제를 해결하는 데 필요한 것은 사고력이며 그리 큰돈이 들지 않습니다.

생각하는 것이 힘인 시절. 이제 주차장을 짓는 데 우선 필요한 것은 돈이 아니라 어떤 생각을 만들어 내느냐입니다. 그리고 이런 문제 해결에 이제는 AI가 앞장섭니다. 인공 지능은 더욱 정교해질 것이고, 특별한 능력이 아니라 보통 수준의 인간의 일들을 하나하나 대체할 것입니다. 인공 지능으로 인해 우리 인간이 운신할 영역은 한없이 줄어들지만 역설적으로 '인간 지능'이 더욱 중요합니다. AI가 설쳐도 세상은 생각하는 인간, 호모 사피엔스의 주도로 돌아갑니다. 생각하는 인간이 인공 지능의 결과물을 선별하고 선택하기 때문입니다.

"인공 지능은 사람들에게 적절한 정보를 제공하지만 그것이 좋은 정보인지 나쁜 정보인지 판단하고 습득하는 것은 결국 인간의 몫이다. 인간이 가진 힘을 제대로 이해하고 사용할 수 있어야 한다."

믿을 만한 정보를 가려내는 능력과 흩어진 정보의 조각을 모아 큰 그림을 그려 내는 능력 그리고 기술의 발달에 맞춰 계속해서 학습하고 변화하는 능력이 우리의 몫이라고 《호모 사피엔스》의 저자 유발 하라리는 말합니다.

—
복붙이나 하며 남 흉내만 내는
지적 대사 증후군

내장 지방이 알츠하이머병 발병과 관련 있다는 뉴스를 봤습니다. 아밀로이드와 타우는 알츠하이머병 발병과 관련 있는 단백질입니다. 이 단백질이 뇌세포 간 소통을 방해하여 피하 지방 대비 내장 지방이 두꺼울수록 전두엽 피질 부위에서 더 많은 양의 아밀로이드가 감지된다고 합니다. 뉴스는 내장 지방이 많을수록 뇌에 염증이 증가한다는 결과도 소개하는데, 뇌 속 염증 증가는 알츠하이머병 발병에 영향을 미치는 주요 메커니즘 중 하나입니다. 비만이 만병의 근원임을 익히 잘 알고 있지만 뇌 건강까지 위협한다는 연구 결과에 더 놀랐습니다.

비만은 질병 관리청 정보에 따르면 대사 증후군의 원인 중 하나로 필요한 에너지보다 많이 먹거나 적게 소비하여 체내에 지방 조직이 과다한 상태를 말합니다. 인풋과 아웃풋의 불균형이 초래한 결과입니다. 대사 증후군은 암을 비롯한 당뇨 등 합병증을 유발하며 현대인의 건강과 삶의 질을 파괴하는 아주 큰 위험 인자입니다.

정신 영역에서도 인풋과 아웃풋의 불균형이 초래하는 대사 증후군이 위험하기는 마찬가지입니다. 그래서 나온 말이 '지적 대사 증후군'입니다. 일본 영문학자인 도야마 시게히코 선생은 지적 활동의 정수는 스스로 생각하는 능력인데, 정보와 지식이 대량으로 넘쳐 나고 그것을 처리하기 위한 기술이 발달하면서 이런 능력이 쇠퇴된다고 지적합니다. 누구나 쉽게 지식을 얻을 수 있고 지적 활동이 단순한 정보 처리나 지식의 축적에만 치우치기 때문이라죠. 그는 이런 현상을 지적 대사 증후군이라 칭합니다.

글쓰기 기술이 부진하여 일과 삶에서 애로를 겪는 사람들이 이 문제를 해결하려 글쓰기 코치인 나를 찾아옵니다. 가만히 그들의 문제를 들여다보면 글쓰기의 문제라기보다 근원적인 지적 대사 증후군이 문제인 경우가 흔합니다. 나는 성인이 일과 삶에 필수적으로 요구되는 글쓰기 실력을 키우도록 교육하고 지도하며 코칭하는 23년 차 글쓰기 코치입니다. 글쓰기 코칭에 입문하던 때만 해도 글쓰기 강연이나 강의, 연수, 코칭 현장에서 만나는 사람들은 글을 쓰기가 겁나는, 글 한 줄 써내기 힘든 이가 대부분이었죠. 배운 것 많고 해온 일도 상당하지만 관련하여 글 한 줄 쓰지 못하고 얼굴을 붉히기 일쑤었습니다. 지적 대사 증후군 때문입니다.

그런데 최근 5년쯤 전부터는 글을 못 써서가 아니라 글을 더 잘 쓰고 싶다며 도움을 청하는 이들이 대부분입니다. 글을 쓰는 데는 그리 문제가 없다고 자체 진단하며, 더 잘 소통되고 의도한 결과를 만드는 글쓰기 기술을 배우고 싶다는 것입니다.

후자 역시 지적 대사 증후군을 앓기는 마찬가지입니다. 글을 쓰기 위해 생각하기보다 검색부터 합니다. 검색 엔진이 보여 주는 대로 복사하고 붙여 넣기하여 소셜 미디어에 실어 냅니다. 그럼 오며 가며 '좋아요' 품앗이가 쏟아지고 그럼 어느새 자칭 타칭 글 잘 쓰는 사람이 돼 있습니다.

내가 글쓰기 수업에서 맞닥뜨리는 가장 난감한 문제가 복붙(복사하기 붙이기, Copy Paste) 습관이 붙은 경우입니다. 복붙 습관이 고착된 경우 자신이 가져다 쓴 글이, 남의 생각이 남의 것인 줄 모릅니다.

여기저기서 검색한 결과를 짜깁기하여 정리한 것이 남의 글인 줄 모릅니다. 이런 증상은 학벌이나 사회적 지위와도 무관합니다. 이른바 '스펙이 출중한' 사람들도 자신의 머리로 생각하고 그것을 자신의 언어로 표현하는 글 한 편 쓰기가 불가능합니다. 조직 안에서 주어진 일을 잘하여 성과를 올리고 승진을 거듭하면서도 자기 스스로 주제를 정해 그것을 일리 있고 조리 있게 구성하여 독자를 설득하는 글 한 편 쓰기에는 한없이 무력합니다. 결국 아는 것, 들은 것, 기억하는 것을 죄 긁어모아 글이라고 내밉니다. 원인은 복붙입니다.

자기 머리로 생각하여 똑부러지게 글로 말로 표현하고 전달하지 못하는 참사는 지적 대사 증후군으로 인한 '사고 부전증'의 대표 증상입니다. 생각 없이 집어삼키고 생각 없이 토해 내는 습관이 부르는 치명적인 결과죠. 사고력을 요하는 일을 하며 삶을 살아 내기가 불가능하고 이로 인해 삶의 경쟁력을 잃기 때문입니다. 자기 머리로 생각할 줄 모르면, 의도한 대로 의미 있는 결과를 만드는 사고를 할 수 없으면 평생 남의 생각에 생각 없이 휘둘립니다. 주위에 차고 넘치는 지식을 이해하고 소화하여 자신만의 지적 성과를 내는 대신 평생 남 흉내만 냅니다. 복붙이나 일삼습니다.

생각의 찌꺼기 세 가지
'아는 것, 떠올린 것, 짜깁기한 것'

세계 명문 대학 입시 컨설턴트인 후쿠하라 마사히로. 일본인인 그는 프랑스의 인시아드(유럽경영대학원)와 그랑제콜 HEC, 미국의 와튼스쿨과 컬럼비아대학에서 공부하고 세계 최대의 자산 운용사이자 글로벌 기업인 바클레이즈에서 일하는 동안 세계 유수의 명문대 출신 인재들을 접합니다. 그리고 그들만의 공통점을 발견합니다.

"자신의 생각으로 말하고 그 생각을 논리적으로 이야기하고 있었다. 뉴스에서 본 기사, 신문에서 본 칼럼의 '생각'이 아니었다. 대중과 언론, 권위자의 말에 기대지 않는 온전히 스스로 내린 생각이었다."

후쿠하라 마사히로는 '순전히 자신의 생각을 말한다'는 데 적잖이 충격받습니다. 정답 고르기만을 강요했던, 그저 많은 것을 외우고 공부하면 됐던 교육에서는 만나 보지 못한 사람들이었기 때문이죠. 내친김에 그는 이런 공통점이 어디서 시작됐는지 찾아봅니다. 하버드와 옥스퍼드, 스탠퍼드, 인시아드 등 세계적인 대학들이 어떻게 가르치는가를 살펴본 결과, 진짜 인재에게 필요한 것이 '생각하기'이며 대학은 학생들이 '생각하는 법'을 익히도록 끊임없이 훈련시킨다는 것을 발견합니다.

캠브리지 영어 사전에서 '스스로 생각하다(think for yourself)'의 뜻을 찾아봅니다. '다른 사람에게 의존하지 않고 스스로 결정하고 자신의 의견을 형성하는 것'을 스스로 생각하기라 합니다. 그렇습니다. 생각하기란 다른 사람이나 아는 것에 의존하지 않고 남의 것을 인용하거나 사용하지 않고 자기 머리로 뭔가를 만들고 내 입으로 표현하고 전달하는 것을 말합니다. 생각하기란 의미 있는 결과를 위해 자료를 입력하고 입력한 것을 이해하고 분석하고 연결하고 종합하여 새로운 결론을 내는 것입니다.

그런데 우리 대부분은 생각하기를 다른 작업과 혼동합니다. 아는 것, 떠올린 것, 짜깁기한 것을 스스로 생각한 것이라 착각합니다.

내가 생각했다는
착각이 불러올 재앙

SNS에 유명 셰프 A가 만든 세 종류의 피자가 보입니다. 첫 번째는 유명 셰프 A가 공개한 레시피를 보고 손수 만든 피자로 어설프지만 맛은 비슷합니다. 두 번째는 유명 셰프 A의 피자 이미지와 레시피를 그대로 가져온 피자입니다. 마지막은 유명 셰프 A가 공개한 레시피로 피자 도우를 만들고 토핑을 자신이 좋아하는 것으로 바꾼 피자입니다.

SNS에서 접하는 가장 흔한 것이 두 번째 경우입니다. 남의 콘텐츠를 그대로 가져다 쓰면서 내 것이 아닌 것을 내 것인 양 포스팅하면서도 이런 사실조차 인식하지 못하는 경우죠.

텍스트 콘텐츠에도 이런 경우가 차고 넘칩니다. 남의 말, 남의 생각을 옮겨 썼으면서 자신의 생각으로, 자신이 쓴 것으로 착각합니다. 독자가 볼 때 이런 포스트는 어디서 들은 말, 어디서 본 듯한 기시감만 안겨 줍니다. 그냥, 지나칩니다. 이런 증상은 '아는 것'을 '생각한 것'이라는 착각이 부른 결과입니다. 책을 많이 읽은 사람들 가운데 이런 증상을 보이는 사람이 흔합니다. 책을 보고 검색하며 입수한 지식, 정보를 엮어 글로 쓰고는 자신의 것으로 착각합니다. 짜깁기인 줄 모르고 짜깁기는 콘텐츠로 인정받지 못한다는 것을 꿈에도 생각 못합니다.

글이든 이미지든 또는 영상이든, 콘텐츠는 자기만의 생각을 구현한 결과물입니다. 아는 것을 엮어 만든 것은 생각한 것이 아닙니다. 아는 것을 엮어 내면 그저 짜깁기입니다. 짜깁기만큼이나 흔한 경우가 기억을 재구성하여 콘텐츠로 만드는 것입니다. 기억을 쥐어짜는 것은 생각하기가 아닙니다. 많은 사람이 내가 만든 내 생각을 떠올리기보다 남의 생각, 남이 만든 지식을 내 것처럼 보유하다가 마치 원래 내 것인 양 떠올리고 활용합니다.

결론적으로 아는 것, 떠올리는 것은 생각하기가 아닙니다. 아는 것은 어떤 것에 대해 과거 다른 사람이 생각한 결과물입니다. 고민하기도 생각하기가 아닙니다. 고민하기는 답을 만들겠다는 의지 없이 끙끙댈 뿐입니다. 생각하기는 고민의 결과물을 만들어 내는 것입니다. 자료 수집도 생각하기가 아닙니다. 차고 넘치는 자료들을 모으기만 하면 생각한 것 같습니다만, 자료를 활용하여 나만의 의견을 만들어야 생각하는 것입니다.

상대가 원하는 답이 무엇인지 눈치 빠른 영리한 사람들일수록 생각하지 않습니다. 그들은 대개 기억력도 좋아 저장해 둔 지식을 끄집어내 맘껏 활용합니다. 이러다 보면 마치 자기가 생각한 것으로 착각합니다. 이런 사람의 글은 사실과 의견조차 구별되지 않습니다. 내 생각이 없으니 사실과 의견이 뒤섞여 있는 것이 당연합니다. 우리는 모두 이런 식으로 생각하는 대신 생각한 줄 알고 생각한 척하는 것을 생각하기로 오인합니다.

그렇습니다. 우리는 스스로 생각하는 대신 대강대강 얽고 붙이고 하여 대충대충 결론 냅니다. 가능한 한 덜 생각하고 잽싸게 끝냅니다. 뭔가를 생각한다는 자체가 애매하고 모호하며 오리무중 같아서, 그 일을 오래 하고 싶지 않아서 그렇습니다. 덜 생각하고 빨리 끝내려면 아는 것을, 떠올린 것을, 짜깁기한 것을 생각한 것으로 결론 내야 합니다. 대강 생각하고 대충 결정하고 대략 마무리합니다. 생각한 것이 아니거나 날림 공사입니다. 그러니 결과가 좋을 리 없습니다. 매번 별로인 결과를 내다 보니 생각하기 자체가 싫어집니다.

대략 대강 대충, 대부분의 사람은 이렇게 생각 없이 삽니다. 그러니 익숙한 것이 좋은 것이라 여기고 익숙하다 하여 이의 없이 받아들입니다. 이렇게 뻔한 길을 갑니다. 이런 뻔한 길을 '소가 간 길(cow path)'이라고 하는데요. 뻔하고 익숙한 남의 생각대로 살아서는 해결되는 문제가 없습니다. 남의 생각에 기대고 얹혀살면 내 사고가 정지됩니다. 아무 생각 없이 살게 되고 다른 사람이 생각한 대로 살게 됩니다.

일본의 쓰쿠바대학교 오치아이 요이치 교수는 주워들은 말과 생각의 찌꺼기를 짜깁기하면서도 자기 생각인 줄 아는 사람을 '의식 계열만 높은 사람'이라고 합니다. 인터넷에서 자주 보이는 이런 사람을 '사이버 레커'라고 하죠. 의식 계열만 높은 사이버 레커는 인공 지능을 이겨 내지 못합니다. 결국 일과 삶의 모든 국면을 차지할 인공 지능이 시키는 대로 하며 살겠죠.

기업이든 개인이든 생존에 필요한 남다른 아이디어를 강요받고 있습니다. 새로 발현되거나 전과 같은 해법으로는 해결되지 않는 변종 바이러스 같은 문제들이 일과 삶에 쳐들어오기 때문입니다. 내 머리로 스스로 생각할 줄 모르면 이같이 답이 없는 문제 앞에 무릎을 꿇습니다. 고약한 문제를 해결할 신박한 아이디어를 내지 못합니다. 내 일과 일자리를 치고 들어오는 AI를 이겨 낼 재간이 없습니다.

혼자 먹고살아야 할 시간이 점점 늘어나는 각자도생 시대. 자신의 문제를 스스로 해결하며 살아야 하는데, 스스로 생각하는 사고 능력이 없으면 어떤 문제도 해결하지 못합니다. '생각하기 싫어 병'이 도진 우리에게 주어지는 일이라고는 'AI 기계를 건드리지 않도록 감시하는 역할'뿐일지 모릅니다. 인공 지능이 찾아 주고 알려 주는 대로 하는 사람을 '에코보그'라 하는데, 어느 순간 우리 모두 에코보그로 살는지 모릅니다.

사고력이 가르는
일류와 삼류

일을 잘하는 사람을 일러 '일머리 좋다'고 합니다. 일머리 좋은 사람은 일을 잘합니다. 그리고 일을 빨리 합니다. 회사에서든 회사 밖에서든 일머리 좋은 사람을 선호하는 이유죠. 그런데 일을 빨리 잘하는 생산성이 높은 사람과 그렇지 않은 사람의 차이는 어디에서 시작되는 걸까요? 미국 마이크로소프트에서 소프트웨어 엔지니어로 활동하고 있는 츠요시 우시오 선생이 보기에 일하는 사람은 두 부류입니다.

'손으로 일하는 사람', '머리로 일하는 사람'

컴퓨터 프로그램을 개발할 때 내 PC나 서버에 데이터를 저장하고 실행하는 것이 아니라 이를 클라우드 회사의 서버에 저장하고 접속하여 작업하는 것을 클라우드 기반 개발이라 합니다. 츠요시 우시오 선생은 거대한 클라우드 개발의 최전선에서 많은 이와 협업하며 일을 잘하는 사람과 그렇지 못한 사람을 발견하고 그 차이를 들여다봅니다. 이 과정에서 그는 프로그램을 개발하는 일이 손으로 일하는 노동이 아니라는 것을, 코딩은 머리로 먼저 일하지 않으면 성과를 낼 수 없다는 것을 깨닫고 크게 놀랐다고 하죠.

그가 파악하기에 일을 잘하는 일류는 머리로 일합니다. 일을 못하는 삼류는 손으로 일합니다. 손으로 일한다는 것은 '묻지도 따지지도 않고' 일단 작업을 시작하여 시행착오를 거듭하고, 그러느라 시간과 에너지를 적잖이 낭비하는데다 성과도 미흡한 것을 말합니다. 반면 일류는 작업을 시작하기보다 자신의 머리로 가설을 먼저 세우고 증명하는 일을 먼저 합니다. 이런 차이가 일류와 삼류를 구분하고, 이런 차이가 일류와 삼류의 생산성과 성과 차이를 '하늘과 땅만큼' 벌어지게 한다고 강조합니다.

—

원하는 결과를 얻고 싶다면
손이 아니라 머리부터 써라

일본 경영 컨설턴트 구스노키 켄도 츠요시 우시오의 주장을 이렇게 거듭니다.

> "일류들의 작업의 핵심은 순서에 있는데, 일류들은 머리가 먼저, 손이 나중에 일한다."

이 조언은 머리를 쓸 줄 모르면 일을 빨리 잘하기 불가능하다는 것을 의미하죠. 즉 사고 능력이 없으면 일에서 성과를 내기 어렵다는 것입니다. 남의 생각이나 퍼 나르고 흉내 내고 짜깁기하는 수준으로는 일을 빨리 할 수도 잘할 수도 없습니다. 이런 사람이 포함된 팀이나 회사는 생산성이 갈수록 느려지고 성과가 떨어집니다. 회사도 직원도 함께 일하고 싶어 하지 않습니다.

일을 잘하는 사람은 일을 빨리 잘 해내는 자기만의 일하는 순서가 있습니다. 이 과정에서 시간이나 에너지를 최소화하고 압도적인 효율을 만듭니다. 이렇게 일할 줄 안다는 것은 '이렇게 일해야 한다'는 사고 능력을 갖췄기 때문에 가능합니다. 이런 사고방식을 '전략적 사고'라 하죠. 전략적 사고란 우선순위를 파악하고 가장 중요한 일을 먼저 집중하여 수행함으로써 제대로 성과를 내는 사고의 방법론입니다. 결국 전략적 사고란 의도에 맞는 일에 초집중하여 의미 있는 결과를 만드는 의식적인 사고 과정인데요, 이것이 바로 비판적 사고력입니다.

일 잘하는 사람과 일 못하는 사람의 격차는 바로 사고력이 만듭니다. 손이 아니라 머리를 써야 합니다. 머리를 쓰는 최고의 방법은 비판적 사고력입니다.

살아남으려면
머리로 일하는 사람이 돼라

맥킨지, 보스턴컨설팅, 아서 앤더슨, JP모건은 대표적인 전략 컨설팅 기업입니다. 이런 곳에서 일하는 컨설턴트는 수억 원대의 연봉을 받습니다. 그들이 우수한 이유는 '정보를 갖고 생각하는 사고의 질이 높기 때문'이라고 일본 주오대학 경영대학원 객원 교수인 카즈마 카즈요는 단언합니다. 똑같은 정보와 똑같은 시간을 갖고도 남들보다 뛰어난 가치를 창출하는 능력을 '질 높은 사고력'이라 말합니다. 뭐라 정의하든 사고력이란 '스스로 생각하여' 가치 있는 결과물을 내는 능력입니다. 하버드대학 같은 유명 대학의 목표 또한 자신의 머리로 생각하는 질 높은 사고 능력을 갖춘 리더 양성입니다. 하버드 전 총장 네이선 M. 푸시가 증언합니다.

"세계의 위대한 대학들의 공통점이 있다. 자유롭고 독립적인 정
신을 가진 학생들이 문제를 정확하게 분석하고 올바르게 판단하
고 선전, 선동에 휘둘리지 않고 진짜와 가짜를 가려내고 가장 창
의적인 방식으로 진실에 한 발짝 다가가는 마음의 열정을 촉진
하는 것이다."

축구 경기를 다룬 책 《지금껏 축구는 왜 오류투성일까?》를 쓴 크
리스 앤더슨은 축구는 약한 고리 종목이라고 설명합니다. 10명의 선
수가 아무리 잘해도 한 명이 취약하면 팀이 승리하기 어렵다는 얘기
죠. 그래서 축구팀을 강화하려면 약한 선수를 업그레이드하라고 제
안합니다. 이에 비해 농구는 강한 고리 종목입니다. 팀에서 제일 잘
하는 슈퍼스타 선수가 더 강한 선수로 바뀌면 경기에 이길 가능성이
높아진다는 것입니다.

크리스 앤더슨의 개념을 흉내 내면 사고력은 성공을 바라는 사람
에게 있어 가장 약한 고리 능력입니다. 다른 어떤 능력이 출중해도
사고력이 취약하면 가장 약한 고리가 되고 사고력이 월등하면 무슨
일을 하든 강한 고리로 작용합니다. 그래서 생각하는 힘, 사고력을
'메타 스킬'이라 부릅니다. 사고력은 어떤 일을 어떤 환경에서 하든
성공에 필요한 모든 기술의 시작이자 끝이니까요. 생각하는 것이 힘

인 지식 사회, 디지털 기반 아이디어 경제 시대에서야 더 말할 것이 없습니다.

초등학생들이 비판적 사고 능력을 기르도록 교육 솔루션을 개발하는 하버드교육대학원 프로젝트 제로(Project Zero) 연구 팀에 따르면 옥스퍼드 영어 사전에는 25만 개의 개별 단어가 있고, '생각하다' 단어는 자주 사용하는 단어 중에 130위쯤 됩니다. '생각하다'는 영어 동사 중에서 12번째로 많이 사용된다고 합니다. '먹다', '자다', '보다', '듣다' 같은 단어들이 일상에서 수없이 자주 사용되는 것을 감안하면 '생각하기' 동사가 12번째로 많이 사용된다는 것은 이 단어가 그만큼 중요한 역할을 한다고 연구진은 의미를 부여합니다.

그렇다면 이런 추론도 가능합니다. '먹다', '자다', '놀다' 이런 본능에 가까운 행위들을 제외하고, '춤추다', '여행하다' 같은 일상적이지 않은 단어를 빼면 우리는 대부분의 시간을 '생각하며' 삽니다. 생각하는 힘을 갖거나 놓칠 때 일과 일상이 얼마나 큰 영향을 받는지 바로 짐작됩니다.

—
자기 머리로 생각하는 힘이
21세기 초능력

일할 때 일일이 허락받느라 에너지와 시간을 다 써 버리면 생산성이 극도로 떨어지고 목표한 성과를 달성하지 못하는 것은 당연합니다. 자기 머리로 생각할 줄 모르는 사람은 일을 할 때 하나하나 물어서 합니다. 일머리 없는 사람은 의도적으로 의미 있는 생각을 하는 생각머리가 없다는 증거입니다. 생각머리 없는 사람들로 구성된 조직은 생산성이니 성과니 하는 말을 운운할 처지도 못 됩니다. 경영 컨설턴트 램 차란과 리타 맥그래스는 〈하버드 비즈니스 리뷰〉 칼럼으로 이런 주장을 합니다.

"팀과 팀 사이의 의사소통과 조율 때문에 프로젝트 진행 속도가 느려지거나 혁신이 지체된다면 상급자의 허가 없이 자유롭게 정보에 접근하고 의사 결정을 내리며 책임을 지는 조직 구조를 고민해 볼 필요가 있다."

이런 조직을 '비허가형 기업'이라 한다네요. 이런 회사에서 원하는 직원은 '알잘딱깔센'일 테죠? 무슨 일이든 알아서 잘 딱 깔끔하고 센스 있게 하는 알잘딱깔센! 한마디로 사고력이 뛰어난 사람입니다. 일일이 허락받지 않고도 해야 할 일을 아주 잘해 내는 직원들의 일머리는 비판적 사고력이 주는 선물입니다. 이런 사람들은 보고할 때도 그리 긴 말을 하지 않습니다.

'이렇게 했다.'
'이유는 이렇다.'

요 두 마디만으로 보고가, 보고서가 통과되는 이유는 상대가 원하는 것을 담고 있기 때문입니다. 사고력을 발휘한 결과입니다. 앞으로 조직은 결국 일머리 좋은 몇몇만 남아 빠르고 정확하게 인공 지능과 외부 인력을 동원하여 일할 것 같습니다. 일할 때 일일이 물어보지 않고 척척 알잘딱깔센! 보고서도 두 마디로! 회사가 붙잡고 사회가 탐내는 일잘러가 되려면 사고력부터 단련해야 합니다. 결론적으로 자기 머리로 생각하는 힘, 사고력을 갖추면 이렇게 됩니다.

1. 자신의 일과 삶을 주도적으로 꾸려 갑니다.
   해결해야 할 크고 작은 문제에 당면했을 때, 스스로 생각하고 판단하여 행동하면 다른 사람의 영향에 휘둘리지 않습니다. 자기 머리로 생각하지 않고 검색이나 조언에 의지하는 습관은 일과 삶의 주도권을 남에게 내주게 됩니다.

2. 급변하는 세상에 빠르게 적응합니다.
   어떤 시대가 도래하고 어떤 세상이 열리든 또 어떤 기술이 지배하든 자기 머리로 생각할 줄 알면 새로운 상황에 적응이 빠릅니다.

3. 빨리 배워 잘 활용합니다.
   자기 머리로 생각할 줄 알면 자신만의 방법으로 자신의 지식과 기술을 새로운 상황과 도전에 적응시킬 수 있습니다.

4. AI 대항력을 갖습니다.

방수(waterproof)는 물에 젖지 않는 것을 말합니다. 방습은 습기로부터 보호되는 것을 말하죠. 인공 지능 프루프(AIproof)는 경보도 없이 기습하는 인공 지능에 대항하는 능력입니다. 사고력이라는 대항력이 없으면 인공 지능의 공습 앞에 속수무책이 되고 맙니다.

스스로 생각하는 사람을 넘어 제대로 생각하는 사람으로

하버드와 예일, 프린스턴 대학 교수들은 신학기를 앞두고 신입생과 재학생들에게 건네는 조언이라며 인터넷에 글을 올렸습니다. 2017년 늦여름의 일입니다. 그들은 세 단어로 조언을 압축합니다.

"Think for yourself." (스스로 생각하세요.)

교수들은 강제적으로 반대 의견을 억압하고 개인의 자유를 침해하며 부당하거나 유해한 결과를 초래하는 여론의 폭정(tyranny of public opinion)에 지배되지 말기를, 같은 소리만 메아리치는 방 안에 갇히지 말기를, 어떤 견해든 비판적으로 평가하기를, 그러기 위해 스스로 생각하기를 권합니다.

교수들은 스스로 생각하기란 지배적인 생각에 의문을 제기하는 것, 인기 혹은 권위 있는 사람의 의견이라 하여 무작정 따르지 않는 것, 대립되는 양측의 주장을 끝까지 따져 보는 것이라고 설명합니다.

마지막으로 교수들은 대학에서 배워야 할 것은 진리를 추구하고 평생 진리 탐구자가 되는 데 필요한 기술을 배우며 덕목을 습득하는 것이고 이를 위해서는 열린 마음, 비판적 사고 그리고 토론이 필요하다고 강조합니다. 이는 진리를 발견하는 데 필수적일 뿐만 아니라 광신에 대한 최상의 해독제이기도 하다는 설명을 합니다.

—
생각하는 힘이
살아갈 힘이다

아들이 5살 무렵, 옷을 혼자 입겠다고 고집을 부립니다. 그러라며 지켜보면 30분도 더 걸려 옷을 입습니다. 거꾸로 입거나 아래위 바꿔 입는 창의력은 그래도 봐줄 만합니다. 한겨울에 반팔 웃옷을 입고 나서기도 합니다. 그래 놓고는 엄지를 치켜들며 뿌듯한 얼굴로 나를 올려다봅니다. 혼자서 잘했다는 거죠. 어떤 날은 바로 입혀 주고 어떤 날은 그냥 그대로 유치원에 보냈는데, 이 바람에 학교에 늦곤 했습니다.

아들이 스스로 옷을 입기는 했습니다. 하지만 결과가 바람직하지는 않았습니다. 이후 아이는 집에서 유치원에서 옷을 바로 입는 방법, 빨리 입는 방법, 때맞춰 옷을 입어야 하는 이유 등을 배우고 또 직접 해 보며 혼자 입되 제대로 잘 입는 자기만의 옷 입기를 만들었습니다.

자기 머리로 생각한다는 것, 스스로 생각한다는 것 역시 그 자체로 바람직한 결과를 만든다는 보장은 아닙니다. 바람직한 사고력은 스스로 생각하기를 너머 의도에 맞는 의미 있는 결과를 가져오게끔 의식적으로 사고하는 과정을 필요로 합니다. 살아가는 힘으로써 사고력은 이런 수준입니다.

노벨의학상을 수상한 생물학자 크리스티아네 뉘슬라인폴하르트가 말했죠. '생각할 용기'가 탁월함의 기본 조건이라고요.

"많은 사람이 감히 생각할 용기를 내지 못한다. 다른 사람의 얘기를 너무 많이 듣지 말고 스스로 결정하고 스스로 생각하는 용기가 필요하다."

살아가는 힘은 생각할 용기에서 비롯됩니다.

제1강을 마무리합니다. 글을 인공 지능이 다 써 주는 시대에 하버드 글쓰기 센터에서는 앞으로 무엇을 가르칠까요? 답을 만나러 더 깊이 들어갑니다. 그러다 보면 이 책을 시작하며 함께 품은 이 질문에 대한 답을 찾게 될 겁니다.

'AI가 글 쓸 때, 하버드 글쓰기 수업에서 무엇을 가르칠까?'

무엇보다 생각할 용기를 갖게 됩니다.

2교시

당신은
비판적
사고력이
있는가?

인생에서 생각하는 것만큼 중요한 것은 없습니다.

_대니얼 카너먼(2002년 노벨 경제학상 수상자)

합리적으로 연결하고 추론하고 응용할 수 있는 능력

꼬박 3년, 코로나19 팬데믹 기간 동안 비대면 소통이 일상적으로 이뤄지면서 읽고 쓰기 능력, 문해력에 대한 필요성이 무척 높았습니다. 나는 《일머리 문해력》이라는 책을 출간하여 그 수요에 부응했습니다. 이 책에서 나는 이런 주장을 했습니다.

"잘 읽고 잘 쓰는 사람이 일도 잘한다."

잘 읽고 잘 쓰는 사람, 일을 잘하는 사람은 단언컨대 생각의 고수들입니다. 일머리 좋은 사람이 인정받는 진짜 이유는 그들이 생각으로 힘을 얻고 생각으로 돈을 버는 '사고 능력자'이기 때문입니다.

지식 사회 한복판, 지식 일터에서 일 잘하는 사람은 지식으로 문제를 해결하고 소통하며 성과를 냅니다. '지식 워커'는 착수를 알리는 기획안으로 일을 시작하고 완수 상황을 보고서로 공유하며 일을 끝냅니다. 처리하는 일이 중대할수록 문서 없이 진행되지 않습니다. 이렇게 일터에서는 그가 쓴 글로 능력을 평가받을 수밖에 없습니다.

지식 워커가 지적 가치를 창출하려면 전문 지식을 활용해야 하고, 그러려면 수집한 자료를 분석하고 응용하고 기존의 것들과 연결하고 추론하는 사고 능력, 비판적 사고력이 반드시 필요합니다. 이런 질 높은 사고 능력인 비판적 사고력을 갖춘 사람이 일을 잘하고, 일을 잘하는 사람은 글을 잘 쓸 수밖에 없습니다. 비판적 사고력은 먹고사는 일에 관한 모든 것을 관장합니다.

지식으로 일하는 사람들, 지식 워커는 자신이 다루는 지식을 구성원들과 상호 작용하여 공유함으로써 성과를 만듭니다. 이런 성과는 사고 능력으로 가능하며 일과 삶의 질을 키우고 보호하는 데 매우 중요하게 작용한다 하여 '크리티컬 씽킹'이라 합니다. 우리는 이를 '비판적으로' 사고하는 능력, 비판적 사고력이라 부르죠. 비판적 사고력은 우리 삶의 모든 영역에서 중요한 역할을 하는 필수적인 삶의 기술입니다. 개인이 더 많은 정보를 얻고 잘 고려해 결정을 내리도록 도와줍니다.

비판적 사고력이라는
생각 엔진

프랑스 파리에 본부를 둔 리부트 재단은 비판적 사고 기술을 촉진하고 향상시키기를 목표하는 비영리 단체입니다. 리부트 재단은 해마다 비판적 사고와 구체적인 비판적 사고 관행에 대한 대중의 태도를 평가합니다. 2021년 조사에서는 과다한 소셜 미디어 사용이 불안, 우울, 충동, 산만함, 외로움, 자존감 저하 등 정신 건강에 악영향을 미치는 치명적인 요인이라고 진단했습니다.

재단은 소셜 미디어상에서 사람들을 조종하는 알고리즘에 대항하는 능력으로 비판적 사고력을 꼽습니다. 참여할 가치가 없는 저질 정보와 의견을 인식하고 피할 수 있게 하는 비판적 사고 능력만이 소셜 미디어 중독이 야기하는 폐해를 줄일 수 있다고 강조합니다.

리부트 재단은 선정주의와 직감적인 반응보다 합리적인 주장을 중시하고 기술을 사려 깊고 생산적으로 사용할 수 있는 사람(그리고 사회 전체)을 비판적으로 사고하는 사람으로 봅니다. 비판적 사고 능력을 가진 사람은 어떤 정보에 대해 출처를 평가하고, 찬반 등 다양한 의견을 감안하고, 논리적으로 타당한가를 저울질하고 생각하고 판단하는 추론 능력을 갖췄기에 온라인에서도 신중하고 사려 깊게 탐색하고 판단할 것으로 믿습니다. 리부트 재단의 2021년 조사 응답자의 95%가 오늘날 세상에서 비판적인 사고 능력이 중요하다고 긍정하며, 85%가 비판적 사고력이 일반적으로 대중에게 부족하다고 답합니다.

일을 잘하는 사람은 대부분 글도 잘 씁니다. 글을 잘 쓰니 유능함을 입증받습니다. 그의 정신세계에 비판적 사고력이라는 엔진이 작동하기 때문입니다. 비판적으로 사고할 줄 아는 사람은 복잡한 문제를 분석하고 이상적인 해결책을 도출합니다. 비판적 사고는 명확하게 생각하고 논리 정연하게 표현하게 합니다. 비판적 사고는 복잡한 정보를 분석하고 편견이나 오류를 걸러 내며 합리적으로 주장하게 돕습니다. 지식 워커의 일은 이런 비판적 사고력으로 작동되고, 보고서나 이메일, 인트라넷 게시글을 잘 쓴다는 것은 이 생각 엔진인 비판적 사고력이 제대로 작동했다는 증거입니다.

왜 스티브 잡스는
소크라테스를 만나고 싶어 했을까?

플리처상 수상 작가 조지 앤더스는 세계 최대의 취업 정보 제공 및 채용 사이트에서 '1억 원 이상 연봉을 제시하며 구직자의 비판적 사고 능력을 언급한 회사'가 얼마나 되는지 찾아봅니다. 무려 560곳 이상. 애플에서 보험 회사 올스테이트, 다국적 컨설팅 그룹인 딜로이트, 스타트업이나 중소 규모 회사, 미국 노동부까지 포함되지 않은 업종이 없을 정도였습니다.

이 작업을 소개하며 조지 앤더스는 비판적 사고 능력은 경계를 넘나들며 일하는 능력이며 통찰하는 능력이고 올바른 접근법을 선택하는 능력이자, 타인의 감정을 파악하고 또 타인에게 영향을 미치는 능력이기 때문에 기업들이 구직자의 비판적 사고 능력을 우선 점검한다고 설명합니다.

그가 밝힌 비판적 사고 능력은 인공 지능으로 불가능한 능력, 인간 지능의 결정체죠. 조지 앤더스가 이런 내용을 소개한 것이 2016년 여름의 일. 코로나19 팬데믹의 여파로 디지털 대전환이 이뤄지고 생성 AI가 삶의 판을 엎어 버린 지금에는 구직자의 비판적 사고 능력을 언급한 회사들을 찾느니 그렇지 않은 회사를 찾는 게 훨씬 빠를 것입니다. 비판적 사고력이 생존에 직결된다는 말은 이렇듯 결코 과장이 아닙니다.

—

디지털에 잃어버린
경험과 뇌 기능을 찾아서

애플의 창업자 스티브 잡스는 "소크라테스와 한 끼 식사를 함께할 수 있다면 애플의 모든 기술을 포기할 수 있다"라고 했습니다. 이 말은 그가 세상을 떠난 후에도, 지금 이 순간에도 여러 곳에서 인용됩니다. 스티브 잡스가 자신의 전부인 애플을 주고 얻고자 했던 소크라테스와의 만남. 이 만남에서 스티브 잡스는 무엇을 얻으려 했을까요?

인터넷 없이 일과 일상이 돌아가지 않습니다. 이 때문에 우리의 뇌가 심층 처리 기능이 약화됐다고 심리학자 퍼트리샤 그린필드는 안타까워합니다. 주의 깊은 지식 습득, 귀납적 분석, 비판적 사고, 상상력과 반추 능력이 뇌의 심층 처리 기능입니다. 이 능력들의 총합이 비판적 사고력인데 인터넷에 의해 희생되고 있다고 그린필드 박사는 속상해합니다.

그런데 역으로 말하면, 비판적 사고를 촉진하고 향상하면 뇌의 이런 심층 처리 기능이 회복될 테죠? 나는 스티브 잡스가 소크라테스를 만나 되찾고 싶었던 것이 바로 이런 비판적 사고 능력일 것이라고 장담합니다. 소크라테스는 상대가 누구든 직접적인 가르침 대신 그에 적절한 질문을 하고 상대는 질문에 대답을 하며 스스로 깨우치게 하는 방식의 문답법 가르침으로 유명합니다. 이 방식은 비판적 사고의 핵심이어서 지금껏 비판적 사고를 촉진하고 장려하는 핵심 기법으로 사용됩니다. 소크라테스의 질문을 듣고 답을 하고 또 질문받고 답을 모색하는 과정을 통해 스티브 잡스는 아무도 생각하지 못한 통찰을 얻고 싶었을 것입니다. 그리고 그 통찰을 자신의 기술에, 사업에 반영하고 싶었을 것입니다.

이쯤에서 당연히 궁금해집니다. 비판적 사고가 대체 뭐야?

비판적 사고가 오해받는
치명적인 이유

비판적 사고는 억울합니다. '비판적'이란 단어가 잘못 이해되기 때문입니다. 사전들을 찾아보면 비판적 사고는 '대상을 두루 생각하기', '이리저리 깊이 따져 생각하기', '사물을 헤아리고 판단하기'와 같은 의미를 담고 있습니다. '비판적'을 뜻하는 영어 단어 critical의 어원인 그리스어 critique에는 '통찰'이라는 의미가 포함돼 있습니다. 단어의 원래 뜻과 어원을 고려하면 '비판적'으로 사고하기는 '대상을 깊게 그리고 두루 살피고 생각함으로써 얻게 되는 통찰을 기반으로 의미 있는 결과물을 만드는 사고 방법'으로 정리됩니다.

비판적 사고가 억울한 이유는 원래의 의미가 이러함에도 우리나라에서는 유독 '비난하다'는 뉘앙스로 흔히 사용되기 때문입니다. 조금만 더 들여다보면 '비판', '비판하다', '비판적'이라는 제각각의 단어를 일괄적으로 '비난하다'는 뉘앙스로 사용하기 때문이라는 것을 발견합니다. '비판하다'와 '비판적으로 사고하다'는 전혀 다른 말입니다.

　　비판하다: 따지고 들다.

　한자어로 批判(비판)은 비평(批評)하여 판정(判定)함을 말하고, 비평하여 판정한다 함은 대상을 분석하여 그것을 근거로 대상의 가치를 이렇다 저렇다 논리적으로 정립하고 설득하는 행위를 말합니다. 또 영어 단어 critique의 의미는 '나누다', '분리하다'로 어원적으로는 '판단'과 '식별'의 뜻이며 판단 작용과 선택의 일들을 의미합니다. 비판의 대상이 되는 것과 자신을 분리해 객관화한 후 그 대상을 살펴 의견을 내는 과정이 크리틱(critique)입니다. critical(비판적)이란 말은 라틴어 criticus와 그리스어 krinein에서 나온 말로 라틴어 criticus는 '재판관', '심판관', '감정가', '심사원'이라는 뜻이며 그리스어 krinein는 '분할하다', '구분하다', '식별하다', '권위 있는 의견을 말하다'라는 뜻입니다.

　그럼에도 우리 사회에서 '비판하다'는 으레 '비난하다'는 뜻으로 쓰입니다. 아니, '비난하다'는 단어조차 잘못 쓰입니다. '비난하다'는 사전에서 이렇게 설명합니다.

비난하다: 현상이나 사물의 옳고 그름을 판단하여 밝히거나 잘못된 점을 지적하다.

실제로 우리가 사용할 때 '비난하다'는 말은 '나쁘게 말한다', '질책하고 지적한다'로 주로 쓰입니다. 또 '비판적으로 사고하다'를 사전에서 찾아보면 '정보를 객관적으로 분석하고 타당성을 평가하며 합리적인 결론을 도출하는 복잡한 정신적 과정'으로 나옵니다. 여기에 '비난하다'의 뉘앙스는 전혀 없습니다.

비판하다를 비난하다로 오인하기 때문에 우리는 비판적 사고력에도 그리 호의적이지 않습니다. 생각하기는 원래가 힘든 법인데 비판적으로 생각하라니, 그럴 마음조차 일지 않습니다. 그 덕분에 비판적 사고 능력은 저명한 학자, 유명 컨설팅 회사 컨설턴트나 지적으로 탁월한 이들의 전유물로 치부됩니다만, 앞에서 살폈듯 비판적 사고는 지금 그리고 앞으로의 시대를 살아갈 누구에게나 필요한, 생존을 위한 능력입니다.

—
사실 생각하기는
본성을 거스르는 일이다

비판적 사고가 사람들에게 오해받는 이유 중 하나는 어렵기 때문입니다. 《생각에 관한 생각(Thinking, Fast and Slow)》의 저자이자 노벨상을 탄 경제학자 대니얼 카너먼은 사람들이 '자신이 보는 것이 세상의 전부'라고 믿는 사고의 오류를 타고났고, 또 급격하게 디지털 시대로 전환되면서 이 오류가 가중된다고 설명합니다. 타고난 사고의 오류로 인해 대부분의 사람이 빠르고 본능적이며 얼핏 떠올린 첫 생각을 끈덕지게 고수하는데, 이것 역시 단지 나쁜 습관이 아니라 타고난 습성이라고 합니다. 이런 사고 경향을 그는 '빠른 사고'라 합니다.

이와는 반대인 우리가 추구해야 할 바람직한 사고, 즉 '느린 사고'는 타고난 습성이 아니어서 누구에게나 당연히 힘들 수밖에 없다고 합니다. 카너먼 교수는 SNS에 눈을 떼지 못하고, 잠시 잠깐이라도 진득하게 생각을 이어 가지 못하고, 연신 울리는 스마트폰 알람에 휘둘려 순간 집중도 못하는 우리의 특성이 당연하다고 말합니다. 비록 이로 인해 생각은 점점 파편화되고, 3줄로 요약한 게 아니면, 남이 떠먹여 주는 게 아니면 어떤 지식도 이해하기 힘든, 마치 팝콘처럼 수시로 널뛰는 팝콘 브레인의 소유자인 것은 우리가 그렇게 진화했기 때문이라고 위로합니다. 카너먼 교수의 설명인즉, 타고나기를 우리는 비판적 사고에 턱도 없는 존재라는 것입니다. 따라서 주의 깊게 생각하는 느린 사고, 비판적 사고는 절대다수에게 불가능한데, 비판적으로 사고하는 능력이 생물학적 및 진화론적 예외 사항이라서 그렇다고 합니다.

미국 철학회는 비판적 사고를 이렇게 정의합니다.

"해석 분석 평가 및 추론을 산출하는 의도적이고 자기 규제적인 판단이며, 동시에 그 판단에 대한 근거가 제대로 되어 있는지 증거 개념 방법론 준거 또는 맥락의 측면을 제대로 고려하고 있는지에 대한 설명을 만들어 내는 것."

미국 심리학회 회장을 지낸 다이언 F. 핼펀은 비판적 사고 능력을 이렇게 정의합니다.

"인지적 기술과 전략을 사용하여 논리적 결론 도출, 문제 해결, 올바른 판단, 효과적인 설득 및 대화와 같은 공감적 결과를 만들어 내는 사고 방법이다."

수많은 전문가가 나름의 기준으로 비판적 사고를 정의합니다. 여러 정의를 종합하면, 비판적 사고는 의도에 맞게 의미 있는 결과를 내기 위해서 주어진 자료를 분석하고 평가하여 합리적인 결론을 도출하는 의식적인 사고 능력입니다. 문제를 분석하고 이해하여 아이디어를 만들고 문제를 해결하는 사고 능력입니다. 그러므로 비판적 사고가 가능하면 데이터에 기반한 의사 결정 능력이 강화되며 복잡한 문제를 해결하는 능력을 갖추게 됩니다.

컴퓨터 프로그래밍 언어 자바(Java)를 개발한 미국 선 마이크로시스템즈 공동 창업자이면서 벤처 투자가로도 유명한 비노드 코슬라. 그는 수많은 투자 요청자를 만나다 보면 인문계 전공자들에게서 이런 특징이 두드러진다고 말합니다.

"논리가 약하고 근거 없는 결론에 도달하기 일쑤이며, 단순한 이야기를 사실에 기초한 단정으로 혼동하기도 하고 인터뷰 등 가벼운 얘기를 사실로 오인하며 통계를 오용하는 경우가 많다."

그는 이런 증상이 비판적 사고력의 부재 때문이라고 말합니다. 통계와 확률에 근거하여 합리적으로 생각하는 비판적 사고를 못하여 일어난다고 설명합니다.

대니얼 카너먼의 지적대로 비판적 사고가 어려운 이유는 인간의 본능적 행위를 거스르기 때문입니다. 비판적 사고는 앞에서 언급한 우리가 생각하는 것이라고 착각하는 행위들, 아는 것을 엮어 내고 떠오르는 것을 낚아채고 저장된 기억을 끄집어내는 작업이 아닙니다. 비판적 사고는 의도에 맞게 의미 있는 결과물을 만들기 위해서 의식적으로 생각을 만들어 가는 작업입니다. 비판적 사고력이라는 엔진이 문제 상황을 분석하고 이해하여 정보에 입각한 결정을 내리려면 연료를 필요로 합니다. 연료란 다양하고 구체적인 자료들인데, 이런 자료를 토대로 한 증거 기반 생각 만들기가 비판적 사고입니다.

문제 상황 → 비판적 사고 → 해결책

수전 데이비드 하버드 심리학과 교수에 따르면 우리는 하루 평균 1만 6,000개의 생각을 합니다. 여기서 말하는 1만 6,000번의 생각하기는 일상적인 것을 모두 포함한 수치입니다. 지식 사회를 살아가는 우리가 키워야 할 능력은 과제를 수행하고 문제를 해결하며 이에 필요한 의사 결정과 의사소통을 위한 '깊고 진중한 사고(思考)하기'입니다.

생각하기가 생겼다 사라지기를 반복하는 자연스러운 머릿속 작용이라면 사고하기는 의도에 맞게 의미 있는 결과(답)를 만들어 내는 의식적인 작업입니다. 의도에 맞게 의미 있는 결과를 만들어 내는 의식적인 생각 작업을 비판적 사고라 합니다.

비판적 사고의 세계적 권위자인 교육 심리학자 린다 엘더는 "사고의 질이 삶의 질을 결정하는 가장 중요한 요소"라고 했습니다. 비판적 사고가 가능한가의 여부야말로 삶의 질을 결정하고 삶의 격차를 좌우합니다. 비판적 사고력은 디지털 시대를 살아가느라 얕고 빠르게 즉흥적으로 생각하는 습관에 치여 생각하는 능력을 잃은 우리 모두가 챙겨야 할 유일한 처방입니다.

—
탁월한 의사 결정의
절대 조건

경영 사상가 로저 마틴은 회사를 '생각 공장'이라 표현합니다. 의사 결정이 수시로 일어나는 공장이라는 것이죠.

"지식 워커들은 '의사 결정 공장'에서 '생각'이라는 이름의 망치로 해결해야 할 의제를 열심히 두드린다. 그들의 원재료는 자체 정보 시스템과 외부 공급자의 데이터다. 그 결과, 그들은 수많은 분석 결과와 제안으로 가득 찬 메모들 그리고 프레젠테이션을 생산해 낸다."

지식 워커는 생산직 근로자와 달리 제품이나 서비스를 제공하지 않습니다. 이들이 가장 많이 하는 일은 의사 결정입니다. '무엇을 팔 것인가'에 대한 결정, '누구에게 얼마를 받고 팔 것인가'에 대한 결정, '어떻게 유통할 것인가'에 대한 결정처럼 출근해서 하는 거의 모든 일이 의사 결정입니다. 그러니 회사는 생각 공장, 우리는 거기 소속된 생각하는 기계 맞습니다.

비판적으로 사고하는 능력이 없으면 생각 공장이 제대로 작동하지 못합니다. 의사 결정에 대부분 오류가 생기고 이로 인해 생산성이 속속 하락하고 성과는 당연히 곤두박질칩니다. 비판적으로 사고하지 못하면 문제 해결이 불가능합니다. 문제를 제대로 발견하지 못하여 문제들이 쌓이고 업무에 크나큰 지장을 줍니다. 비판적 사고력을 발휘하지 못하면 자신의 생각을 명확하게 전달하기가 어렵습니다. 오해와 갈등이 늘어나겠죠. 효과적인 의사소통은 물 건너갑니다.

반면 비판적으로 사고하는 능력을 갖추면 차고 넘치는 정보와 지식을 분별력 있게 활용합니다. 어떤 문제라도 제대로 된 근거나 기준을 갖고 평가하고 파악할 수 있어 신속하고 정확한 의사 결정이 가능합니다. 비판적 사고 능력을 갖추면 일머리 좋은 사람으로 인정받습니다. 문제를 정의하고, 문제의 원인을 파악하고, 해결을 위한 대안을 파악하고, 우선순위를 정하고, 해결책을 실행하여 가치를 얻어 내는 문제 해결 능력이 탁월해지기 때문입니다. 비판적 사고가 가능하면 자기 머리로 생각하고 자기 언어로 표현하고 전달하기가 자연스럽습니다. 이렇게 되면 남의 생각이나 남의 언어에 휘둘리지 않고 자기 삶을 주도적으로 살게 됩니다. 비판적 사고 능력은 일과 삶을 내 손으로 스스로 컨트롤하는 초능력입니다.

정보 과부화 시대의 새로운 요건, 고차원 사고

미국 시카고대학에서 15년 동안 총장을 지낸 로버트 J. 짐머 교수는 대학 교육에서 가장 중요한 것은 비판적 사고력을 배우는 것이라 강조했습니다. 실제로 시카고대 경제학부는 많은 노벨상 수상자를 배출했습니다.

"당연하게 받아들이는 사고와 전제에 대해 비판적으로 따지게 하고 상상력을 자유롭고 무한하게 발휘해 대안을 찾도록 한다."

짐머 총장은 비판적 사고를 기르고 문제 해결 능력을 키우도록 학부생이 인문학을 배울 수 있게 힘쓴다고 설명했습니다. 비판적 사고는 궁극적으로 문제 해결에 필요한 아이디어를 상상하고 만들어 내기를 목표합니다. 비판적 사고는 의도한 대로 의미 있는 결과를 만드는 생산적 사고입니다. 의미 있는 결과는 곧 성과로 이어져야 하는데, 이런 사고 능력은 다양한 사고 기술이 복합적으로 작용할 때 발휘됩니다.

비판적 사고에 필요한 핵심 사고 기술은 근거가 되는 정보를 비판적으로 검토하고 걸러 내는 '비판적으로 생각하기', 전반적인 사고 과정을 모니터링하고 컨트롤하는 '성찰하기', 이 모든 과정을 주도하는 자기 자신에 대한 '메타 인지'입니다.

정교한 기계가 기능을 수행하려면 다양한 크기와 모양의 서로 다른 기어를 필요로 하듯, 이 세 가지 사고 기술이 하나하나 기어처럼 맞물려 작동함으로써 비판적 사고라는 기계가 제 기능을 완벽하게 수행합니다. 결과적으로 의도한 대로 의미 있는 결과를 만들고 원하고 바라는 성과를 냅니다.

물론 비판적 사고력은 오래전부터 그 중요성이 강조되어 각종 채용 시험에서 킬러 문항으로 자리 잡았습니다. 대학 입시 국어 시험, 토익(TOEIC), 공무적격성평가(PSAT), 법학적성시험에서 제시문을 읽고 추론과 비판적 사고를 통해 문제에 맞는 답을 해야 하는 방식의 시험은 오래전에 도입됐죠. 심지어 2025년 시행되는 9급 채용 시험에서조차 공무원에게 필요한 실제 직무 능력을 측정하기 위한 비판적 사고 능력 여부를 평가합니다.

2021년 5월, 코로나19로 인해 일과 일상이 디지털에서 이뤄지는 대전환이 급격히 진행되자 OECD는 디지털 세상에서는 정보를 살펴보는 감각과 안목이 어떤 것보다 중요하다고 전제하며 정보를 탐색, 선택하고 정보의 질을 평가하여 사용하는 디지털 문해력의 중요성을 역설합니다. 글로벌 컨설팅 기업 맥킨지도 미래 인재가 갖춰야 할 기초 소양의 하나로 디지털 문해력을 꼽았고, 세계경제포럼은 디지털 문해력을 4차 산업 혁명 시대의 핵심 역량으로 지목했습니다. 유네스코는 디지털 문해력을 갖추지 못하면 문맹으로 간주하겠다고 나섰습니다.

정보 과부하의 시대를 겪으며 머리로 일하고 생각으로 일하는 지식 워커에게는 훨씬 강력한 파트너십으로써 비판적 사고력이 필요합니다. 예일대 컴퓨터 공학부 시어도어 김 교수는 인공 지능이 생산한 것은 지식 소시지일 뿐이라고 하죠. 다양한 재료를 잘게 다져 비닐 속을 채운 소시지처럼 인공 지능이 내놓는 결과물도 잡다한 것들을 섞어 놓은 것에 불과하다는 뜻입니다. 그러니 특정한 작업에 유용하게 활용할 수 있으나 독립적으로 사고하여 아이디어를 만드는 마법을 부릴 리 없다고 강조합니다. 그렇다면 일터에서는 AI가 무분별하게 쏟아낼 지식 소시지를 감별하고 분별하는 비판적 사고력이 더욱 요구됩니다.

—
톱니바퀴처럼 돌아가야 하는
비판적 사고의 3요소

항공기를 조종하는 동안 조종사가 가장 많이 하는 작업이 항로 수정입니다. 조종사는 항공기가 출발하기 전 항로를 설정하죠. 하지만 평균적으로 모든 항공기는 대부분의 비행 시간 동안 걸핏하면(무려 95% 이상의 시간 동안) 항로를 벗어나기 때문에 항로 수정이 불가피합니다. 항공기가 항로를 벗어나면 위성 장치가 이탈을 알려 주고 조종사는 기내 시스템을 이용하여 항로를 수정합니다. 하늘길에서는 예측 불허한 상황이 수시로 발생하고 이에 영향을 받은 항공기는 또다시 항로를 벗어나고 조종사는 또다시 이를 바로잡고…. 비행하는 동안 이 과정이 끊임없이 되풀이된다고 합니다.

그 덕분에 항공기는 거의 제 시간에 목적지에 도착할 수 있습니다. 항로 수정의 모토는 '끊임없이 그리고 정확히'라고 합니다. 항공기가 항로에서 너무 멀리 벗어난 다음에는 돌이키는 데 너무 많은 시간이

들고 위험도도 높을 테니까요. 또 매번 항로를 정확히 수정하지 않으면 애먼 곳을 헤매는 불상사가 생길 테니까요.

이런 이야기를 하는 이유는 조종사가 항로에서 부단히 이탈하는 항공기의 항로를 끊임없이 조정하듯, 비판적 사고력의 속성도 이와 비슷하기 때문입니다. 비판적 사고력 역시 정보에 기반하여 항공기와 항로를 모니터링하고 체킹하여 끊임없이 생각의 경로를 조정해 가는 작업임을 강조합니다.

항공기가 당초의 목적에 도달하도록 조종하려면 다양한 능력이 필요하지만 그중에서도 세 가지 능력이 필수입니다.

1. 계기판 등을 정확히 파악하여 항공기의 비행 상황을 정확하게 인지하는 능력.
2. 항로를 이탈하는 항공기가 새 항로를 설정하여 비행하도록 조정하는 능력.
3. 자신이 상황 인식과 그에 따른 판단을 제대로 하고 있는가를 알아차리는 능력.

항공기 조종에 필요한 이런 능력은 비판적 사고력의 필수 요소입니다.

1. 비판적으로 생각하기.

2. 반성적으로 생각하기.

3. 생각하는 자신을 생각하기(메타 인지).

이 세 가지 중 어느 하나라도 부족하거나 작동이 안 될 경우, 비판적 사고는 불가능합니다. 나는 이 세 가지 사고 기술이 루틴으로 작동하는 사고법을 '하버드식 생각하는 힘을 만드는 비판적 사고 루틴'이라 부릅니다.

하버드식 생각하는 힘을 만드는 비판적 사고 루틴은 의도한 대로 의미 있는 결과를 만들도록 의식적으로 사고하게 만드는 경로를 구조화한 것입니다. 하버드식 생각하는 힘을 만드는 비판적 사고 루틴을 체득하여 활용하면 어떤 문제를 만나든 비판적으로 사고하여 해결하는 초능력을 갖게 됩니다. 하버드식 생각하는 힘을 만드는 비판적 사고 루틴을 반복적으로 사용하면 비판적 '사고 습관'이 만들어집니다. 하버드식 생각하는 힘을 만드는 비판적 사고 루틴을 연습하면 인공 지능 시대에 요구되는 인간 지능의 경쟁력, 살아가는 힘을 키우게 됩니다.

더 느리고 진중하게,
더 치밀하게, 더 날카롭게

비판적 사고는 의도에 맞게 의미 있는 생각의 결과물을 만들어 내는 사고 습관이며 문제 상황을 해결하는 데 필요한 아이디어를 만들어 문제를 해결하는 방법이자 능력입니다. 의도에 맞는 의미 있는 답을 내기 위해 의식적으로 생각을 만들어 가는 작업이죠.

실리콘 밸리에서 유명한 벤처 캐피털리스트인 스콧 하틀리는 '기술 발달로 코딩의 장벽은 점점 낮아지고 있으므로 인공 지능 시대에 더 중요한 것은 올바른 질문을 하는 능력'이라고 강조합니다.

"우리는 정보의 홍수 속에서 허우적대고 있지만, 지혜라는 것은 아이디어와 씨름하면서 나오고, 아이디어에 문맥을 집어넣는 치열한 행위에서 나온다.”

　비판적 사고에서 질문의 중요성은 아무리 강조해도 지나치지 않습니다. 스콧 하틀리의 말마따나 올바른 질문을 하고 타당한 답을 얻어 내는 성과는 치밀하고 치열한 비판적 사고를 통해야 가능합니다. 치밀하고 치열한 비판적 사고력은 그리하여 우리 일과 삶에 우리가 필요로 하는 것들을 가능하게 하는 초능력으로 작용하는데요. 이런 초능력, 비판적 사고력이 버튼 하나 누르면 되는 ‘원샷’으로 가능할 리 없겠죠?
　비판적 사고는 항공기 조정에 필요한 능력이 그러하듯 비판적 사고를 구성하는 세부 생각 기술이 하나의 시스템으로 연동됩니다. 또한 루틴으로 작동합니다. 그래서 나는 비판적 사고는 ‘하는 것’이 아니라 ‘만들어 가는 것’이라고 강조하곤 합니다. 비판적 사고를 구성하는 세부 생각 기술은 다음과 같습니다.

—
비판적으로
생각하기

　행동 경제학의 창시자이자 심리학자인 대니얼 카너먼에 따르면 사람은 두 가지 방식으로 생각합니다.

'후다닥 해치우거나, 느리게 진중하게 하거나.'

전자는 감정과 직관으로부터 샘솟는 빠른 생각으로 의식적인 노력 없이 자동적으로 작동합니다. 빠른 결정과 반응을 담당합니다. 후자는 증거와 판단을 토대로 이뤄지는 느린, 깊은 생각입니다.

대니얼 카너먼의 기준으로 보면 우리의 생각은 본능적으로 빠르거나 이성적으로 느리거나 둘 중 하나이며 본능적인 생각인가, 이성적인 생각인가를 가르는 기준이 바로 근거 기반으로 생각하는 비판적으로 생각하기(critical thinking)입니다. 빠른 생각이 누군가의 머릿속에서 끄집어낸 지극히 주관적인, 근거 없이 상상해 낸 '뇌피셜'이라면, 느린 생각은 근거를 토대로 생각하는 '오피셜'입니다. 사고 작업을 통해 의도에 맞는 의미 있는 결과를 내려면 증거와 사실에 근거한 사고를 해야 합니다. 증거와 판단으로 이뤄지는 근거 기반 생각하기, 즉 비판적으로 생각하기는 수집한 정보와 자료를 이해하고 점검하고 평가하는 작업입니다.

비판적으로 생각하기에서는 생각하는 대상을 검토하여 선별하고 선택합니다. 주어진 지식, 활용할 정보를 파악하고 이해를 핵심으로 다음 작업을 해야 합니다.

1. 지식, 정보가 사실인지 아닌지 살핀다.
2. 각각의 지식, 정보가 타당한 근거를 제시하는지 점검한다.

3. 지식, 정보에 상업적, 정치적 의도가 담겼는지 살핀다.

4. 수정, 보완할 지식, 정보를 찾아 검토한다.

반성적으로
생각하기

반성적으로 생각하기(reflective thinking)란 사고하는 과정을 의도에 비춰 모니터링하는 작업입니다. 모니터링 결과를 피드백하여 생각이 의도대로 진행되도록 컨트롤도 해야 합니다. 비판적으로 생각하여 추출한 근거들을 분석하고 추론하며 기존의 자료들과 연결하고 종합하여 의미 있는 결과를 만들어 내는 실질적인 사고 작업입니다.

반성적으로 생각하기란 인지적 성찰 작업입니다.

'내가 끌어내려는 의견이 타당한가, 이 의견은 신박한가, 아니라면 굳이 기존의 의견을 말하려는 이유는 무엇인가, 그 의견을 말하기 위해 내가 적절하게 내용을 판단하고 조직하는가, 그렇지 않다면 어떻게 해야 하나, 보다 바람직하게 내용을 조직하려면 무엇을 어떻게 해야 하나….'

이런 식으로 사고 과정을 끊임없이 살피고 보완하는 작업입니다. 묻고 대답하고 반문하고 또 답하고, 이렇게 반성적으로 생각하면 사고하는 내내 의식적으로 작업합니다. 그래야 사고 과정이 의도한 대로 의미 있는 결과를 낼 수 있는지를 염두에 두고 사고의 대상을 주의 깊게 살펴 의도에 맞게 생각의 항로를 조종하고 조절할 수 있습니다.

―
생각하는 자신을
생각하기

생각하는 자신을 생각하기(self reflective thinking), 즉 셀프 성찰하기는 사고하는 자기 자신에 대해 파악하고 조절하는 능력입니다. 사고하는 내용을 아는지 모르는지 의도대로 사고 작업이 이뤄지는지를 스스로 인식하는지 아닌지를 점검함으로써 의미 있는 사고 결과를 만드는 데 기여합니다.

셀프 성찰하기란 자신이 생각하는 것을 생각하는 능력, 즉 생각하는 자신에 대한 성찰을 말합니다. 셀프 성찰하기는 메타 인지라고 부르는데요. 자신이 아는 것과 모르는 것을 자각하는 것과 스스로 문제점을 찾아내고 해결하며 자신의 사고 과정을 조절할 줄 아는 지능과 관련된 인식을 말합니다.

예를 들어 당신은 부동산 투자를 위해 시장을 살피는 중이고, 지인을 통해 부동산 정보 회사에서 만든 내년도 부동산 시장 예측서를 손에 넣었습니다. 어렵사리 구해 온 연구 자료를 분석하여 투자 스터디 멤버들과 공유하려고 보고서를 썼습니다. 그런데 정작 스터디 동료들은 보고서를 이해하기 어렵다고 합니다.

이럴 경우 동료들이 내용을 이해하기 어려워하는 것이 자신이 해당 자료를 제대로 이해하지 못했기 때문인지, 내용을 제대로 이해했음에도 보고서 작성이 문제인지를 파악해야 합니다. 그래야 어느 쪽으로든 보고서를 수정할 수 있죠. 이런 능력이 메타 인지입니다. 이런 메타 인지가 가능하려면 성찰하기가 필수입니다. 그래서 셀프 성찰하기라 부릅니다.

이 세 가지 핵심 사고 기술은 하버드 글쓰기 센터에서 제시한 AI 시대 글쓰기 교육 지침에서 강조한 요소와도 동일합니다. 하버드 글쓰기 센터는 그동안에도 글쓰기를 통한 사고력 키우기를 목표로 글쓰기를 지도했는데, 이 새로운 지침에 따르면 생성형 AI 시대 글쓰기 수업은 비판적 사고 함양에 더욱 집중해야 한다고 주장합니다. 하버드 글쓰기 센터는 요약하기를 통해 비판적으로 생각하는 연습, 결론에 다다른 자신의 생각에 대해 꾸준히 성찰하는 연습 그리고 글쓰기 과제를 하는 자신에 대해 알아차리고 조정하는 연습을 제시합니다.

비판적 사고가 가능한 사람은 글을 잘 씁니다. 이유는 글쓰기가 비판적 사고의 3요소를 모두 포함하기 때문입니다. 글을 잘 쓰려면 글을 쓰는 내내 사고 과정을 조절하고 검토해야 하는데, 글을 쓰면 이런 과정이 머릿속으로 생각하기보다 훨씬 원활하기 때문입니다. 또 글을 잘 쓰려면 글로 쓰는 내용에 대해 아는지 모르는지 얼마나 아는지와 같이 자신에 대해 잘 알아야 합니다. 메타 인지 능력이 없이는 글을 잘 쓸 수 없습니다. 그래서 쓰면서 생각하기, 글쓰기는 비판적 사고의 마법의 도구입니다.

비판적 사고력은 디지털 시대가 요구하는 정신의 코어 근육입니다. 비판적 사고력이 합리적 의사 결정과 의사소통, 문제 해결을 통한 의도한 대로의 과제 수행에 기여하는 것은 의도적이고 의식적으로 생각하여 의미 있는 결과를 만들기 때문입니다. 영국 철학자 줄리언 바지니가 말하듯 말입니다.

"비판적 사고란 혼자 힘으로 끝까지 사고를 철저하게 전개시키고, 스스로 질문을 제기하고, 적절한 정보를 찾는 등의 활동을 수행하는 것이다. 또 비판적 사고는 '지속적'이고 '주의 깊은' 성찰 사고에 다름 아니다."

절대 보이는 대로만
받아들이지 마라

완전 자율 주행 모드를 사용해 미국 캘리포니아주 모노 시티를 달리던 테슬라 모델3가 침수된 도로를 인식하지 못해 연못에 빠지는 일이 있었죠. 완전 자율 주행 모드는 자동으로 차선을 변경하고 고속도로에 진입하고 신호등을 인식할 수 있는 베타 기능으로 '자동차가 충격을 줄 수 있는 장애물'을 감지할 때 자동으로 비상 제동할 수 있게 설계됐다고 합니다. 하지만 결국 비상 제동하지 않은 차는 연못에 빠지고 말았는데, 이유는 오작동입니다.

'운전자가 완전히 주의를 기울이고 언제든지 제어할 수 있어야 한다'가 완전 자율 주행 모드 기능의 전제 조건이라는 말을 들으며, 정작 이런 전제 조건이 필요한 것은 자동차가 아니라 우리 사람이라는 생각을 합니다.

"눌리우스 인 베르바(Nullius in verba)."

'누구의 말도 믿지 말라'는 뜻의 라틴어입니다. 1660년 런던에 설립된, 영국이 자랑하는 저명한 과학 아카데미 영국 왕립 학회의 모토입니다. 이 말에 대해서는 '권위만으로는 진실을 확립할 수 없다', '그 어떤 권위도 주장을 대신할 없다', '어떤 주장도 비판적 사고 위에 가능하다는 의미로 이해할 수 있다'는 식으로 다양한 해석이 주어집니다.

대니얼 카너먼 교수가 지적했거니와 사람은 누구나 자동적으로, 즉각적으로 생각합니다. 편견과 선입견에 생각의 발목이 잡혀 입맛에 맞는 정보만 취하면서도 더 생각하기를 거부합니다.

하버드 심리학자 데이비드 퍼킨스 교수는 사람은 누구나 기본적으로 '입에 맞는 정보'에 기대면서도 자신은 합리적이며 객관적인 존재라는 환상을 갖는다고 하죠. 심지어 그런 자신과 다른 생각을 가진 사람을 비합리적인 존재라고까지 생각하게 된다고 합니다. 한마디로 우리는 생각하지 않거나 잘 못 생각하도록 생겨 먹었다는 건데요. 비판적 사고력은 이토록 심각한 '생각 않는 병'에 아주 잘 듣는 치료제입니다. 생각하는 것에 완전히 주의를 기울이고 언제든지 의도한 대로 의식적으로 제어하도록 돕는 유일한 처방전입니다.

—
비판적 사고력이 없으면
함정에 걸려든다

한 AI 개발 전문 기업이 낸 인턴 선발 공고에 이런 자격 조건이 보입니다.

3~6개월간 근무하는 '체험형 인턴'

비판적 사고가 작동하는 사람은 이 조건에 대해 다양한 정보를 토대로 판단합니다.

'체험형 인턴은 정규직으로 전환율이 낮은 단기 채용 방식이다.'
'체험형 인턴을 뽑으면서 1년의 실무 경험을 요구하는 것은 이례적이다.'
'이 기업의 정직원 전환율이 매우 낮다.'
'이 기업에서 뽑는 체험형 인턴은 정규직으로 채용될 가능성이 적다.'

이민석 국민대 소프트웨어학부 교수는 이 기업의 채용 공고에 대해 이런 의견을 냅니다.

"결국 다른 회사에서 잘 성장하고 있는 개발자를 인턴으로 뽑아서 3~6개월 쓰고 버리겠다는 채용 공고다."

미국의 한 연구에 따르면 비판적 사고는 구직에서 가장 요구되는, 유효 기간이 없는 기술 상위 5위 안에 있습니다. 전미 대학 및 고용주 협회(NACE)의 조사에 따르면 비판적 사고와 문제 해결은 고용주들이 신입 사원 채용 시 가장 우선 체크하는 역량 중 하나입니다. 비판적 사고력은 일터에서뿐 아니라 삶의 곳곳에 아주 큰 영향력을 미칩니다. 삶의 질을 높이고 일상 만족을 키우는 적정 기술입니다.

대체당하는 부류, 장악하는 부류

나는 비판적으로 사고하는 능력이 가장 필요한 이유로 '시간자결권'을 꼽습니다. 시간을 자유롭게 사용하려면 비판적으로 생각할 줄 알아야 합니다. '무엇을 하고, 하지 않을지' 같은 선택에 반영해야 할 자신에 대한 성찰, 그런 자신을 객관적으로 들여다볼 줄 아는 메타인지 능력이 작동할 때 시간자결권을 보장한다고 믿습니다.

"많은 돈이 있어도, 좋은 집안에서 태어나도, 높은 지위를 얻어도 죽음의 벼락이 내려치면 아무 소용이 없다. 시간 없는 행복은 불가능하다. 우리에게 얼마나 많은 시간이 주어지느냐, 우리가 그 시간을 얼마나 자유롭게 사용할 수 있느냐에 따라 우리 삶은 결정된다."

독일 저널리스트 테레사 뷔커의 말마따나 시간이 돈보다도 우리 삶을 작동시키는 핵심 동력이기 때문입니다. 부자들도 이구동성, 원할 때 원하는 시간을 사용하는 것을 부자가 되어 좋은 이유로 우선 꼽습니다.

"인간은 자기 시간을 스스로 결정하고 구성할 때 시간의 주인이 된다. 시간 압박을 덜 받으면서 과제를 수행하거나 여가에 사랑하는 이들과 온전히 긴 시간을 보낼 때 시간의 풍요를 느낀다. 반대로 24시간 죽도록 애써도 주어진 일을 끝낼 수 없거나 일하느라 가족과 보내는 시간이 충분치 않다고 여길 때 우리는 불행감과 함께 시간 부족으로 고통받는다."

이토록 삶을 좌우하는 시간자결권이 비판적 사고력으로 가능하다는 것에 나는 크게 안도합니다.
비판적으로 생각할 줄 모르면 다른 사람의 기준에 따라 시간을 쓰고 돈을 쓰며 에너지를 씁니다. 이래서는 만족감이 들 리 없고 그럼 다른 기회를 찾는 데 또 시간과 돈과 에너지를 씁니다. 돈과 시간, 에너지를 들이기 전에 정보를 분석하고 판단하며 그것을 왜 얼마나 원

하는지 성찰한다면 돈도 시간도 에너지도 낭비를 줄일 수 있습니다,
이렇게 절약한 돈과 시간과 에너지는 진실로 자신이 원하는 것에 투
입함으로써 만족도를 극대화할 수 있습니다. 그럼 당신의 삶의 질도
놀랍도록 높아집니다. 비판적 사고력 덕분에요.

—
뷰카 2.0 시대
어떻게 돈, 시간, 에너지 지킬까?

2023년 세계경제포럼이 발표한 〈일자리의 미래 보고서〉에 따르면
75% 이상의 기업 등 조직이 향후 5년 내 AI를 도입할 계획입니다.
글로벌 컨설팅 기업 맥킨지는 지난달 발표한 보고서를 통해 AI로 인
해 오는 2030년 말까지 미국에서만 최소 1,200만 명의 노동자가 직
업을 바꿔야 할 것으로 전망합니다.

업계 전문가들은 노동자들이 일자리를 AI에 빼앗기기보다는 AI를
잘 활용하는 사람에게 빼앗길 것으로 내다보고 있죠. 젠슨 황 엔비
디아 최고 경영자는 국립대만대 졸업식 축하 연설에서 이런 말을 합
니다.

"여러분의 일자리를 빼앗는 건 AI가 아닌 AI 잘 다루는 사람입니
다. AI를 제대로 다루지 못한다면 일자리를 잃을 수 있습니다."

일자리를 놓고 벌이는 AI와의 일전은 거부도 연기도 불가능합니다. 비판적 사고력이라는 무기 없이 이 전쟁은 백전백패입니다. 보수를 받고 하는 일 말고도 살아가는 일은 크고 작은 과제를 수행하기의 연속입니다. 결국 일과 일상은 크고 작은 과제를 얼마나 완수하는가 하는 능력이 좌우하죠. 문제를 해결하고 의사를 결정하고 소통하여 완수하는 능력 말입니다.

대개의 경우 해결해야 할 과제, 즉 문제는 다수의 이해관계가 복잡하게 얽히고 상황이 중첩되어 복잡하고 다단합니다. 여기에 디지털 시대와 정보 과부화라는 거부할 수 없이 옥죄는 환경에서 AI에 위협받는 일자리에 대항력을 갖는 것까지. 갈수록 복잡하고 어떻게 변화할는지 확실한 게 없고 모호합니다. 그래서 앞으로 살아가는 힘은 비판적 사고력이라는 강력한 파트너십이 필요합니다.

뷰카(VUCA)는 변동성(Volatility), 불확실성(Uncertainty), 복잡성(Complexity), 모호성(Ambiguity)을 뜻하는 조어로 어떻게 변화할지 모르고 복잡하며 불확실하고 모호한 사회 환경을 말할 때 흔히 쓰입니다. 이 표현은 1990년대 초반 미국 육군 대학원에서 처음 쓰인 군사 용어였는데, AI의 진격이 시작된 지금 그리고 앞으로를 이야기하기에 이처럼 합당한 표현도 드뭅니다.

빌 조지 하버드경영대학원 교수는 뷰카 국면에 요구되는 리더십 대응책으로 뷰카2.0(VUCA 2.0)을 개발했습니다. 비전(Vision), 이해(Understanding), 용기(Courage), 적응력(Adaptability)을 포함합니다. 나는 뷰카2.0이라는 리더십을 발휘하는 데는 비판적 사고력이 그 핵심 엔진이라 장담합니다.

삶의 주도권을
되찾는 방법

일과 삶을 가로막는 걸림돌들을 해결할 때는 사안에 대해 상황을 파악하고 행간을 읽어 의도를 간파하여 문제의 본질을 꿰뚫는 것으로 시작합니다. 이를 위해 주어진 정보를 이해하고 분석·연결·종합하여 의사를 결정합니다. 판단하고 선택하는 일, 곧 비판적 사고력은 의도한 대로 의미 있는 결과를 만들며 의식적으로 살아가는 능력이고, 그래서 살아가는 힘의 적정 스킬입니다. 일하는 현장을 벗어난 일상에서도 비판적 사고는 살아가는 힘입니다. 육아에서 재테크, 자존감 같은 마음의 문제, 배우는 능력, 건강 문제까지 비판적 사고력이 관장합니다.

인생을 관장하는
비판적 사고력의 효과

1. 비판적 사고력이 있으면 무엇이든 잘 배웁니다.

미네르바스쿨의 커리큘럼은 현재 존재하지 않는 직업들을 준비하도록 돕는 것으로 유명합니다. 미네르바스쿨이 21세기에 가장 필요한 스킬이라면서 미래를 위해 준비해야 할 가장 중요한 능력으로 꼽는 것은 '무엇이든 잘 배워 잘 써먹는 능력'입니다. 이런 능력을 길러내기 위해 학교에서는 비판적 사고와 창의적으로 생각하는 방법부터 가르칩니다.

격변하는 세상에서는 새로 배울 것이 지천입니다. 지식은 갈수록 수명이 짧아지죠. 지식의 쓸모가 줄어들거나 없어지거나 하는 현상을 지식의 반감기(the half-life of fact)라고 하는데요. 지식이 바뀌는 것은 막을 수 없지만 배우는 능력을 갖추면 지식의 쓸모가 반감되거나 새로운 지식이 출현하더라도 그것을 빠르게 배워서 활용할 수 있습니다.

배우는 능력의 핵심은 '겸손 모드'입니다. 잘 배우는 사람은 지적 겸손도가 높습니다. 어떤 상황에서 자신이 무엇을 잘 모를 수 있다는 가능성을 인정할 줄 압니다. 지적 겸손 지수가 높은 사람은 자신이 틀렸거나 잘 모를 때 쉽게 인정합니다. 펜실베이니아대 심리학과 앤절라 더크워스 교수는 지적 겸손이란 결국 비판적 사고 능력이라고 단언합니다. 자기가 뭘 모르는지 아는 것이 지적 겸손이며 자신이 모르는 것이 있음을 인정하고 타인으로부터 학습에 개방적인 태도를 갖는 것을 의미합니다. 비판적 사고가 가능하면 지적 겸손으로 무장되고 무엇이든 배워 써먹을 수 있습니다.

2. 비판적 사고력이 있으면 투자 실패가 없습니다.

한때 은행들이 앞장서서 판매한 주가 연계 증권(ELS). 이 상품의 만기가 도래할 즈음 지수가 폭락해 대규모 원금 손실이 발생하여 문제된 적이 있습니다. 은행들이 이 상품을 금융 문맹이나 약자인 고령자들에게 집중 판매했다는 식으로 원인이 분석되기도 했죠.

원인이 어떻게 분석되든 비판적으로 사고하여 투자하지 못한 손실은 고스란히 투자자 개인의 몫입니다. 그래서 워런 버핏은 투자하고 싶은 기업을 발견하면 왜 투자하는가를 글로 써 보라 권합니다. 그럼 비판적으로 사고하고 해당 주식을 제대로 평가할 수 있다고 말이죠.

비판적으로 사고할 줄 알아야 상반된 다양한 정보를 종합적으로 이해하고 분석하고 해석할 수 있습니다. 비판적으로 사고할 줄 알아야 재테크 관련 가짜 뉴스, 허위 뉴스를 가릴 줄 알고, 그럼 기회로 가장한 위험으로부터 스스로를 지킬 수 있습니다.

3. 비판적 사고력이 있으면 필요한 정보만 얻습니다.

팬데믹을 겪는 동안 잘못된 의료 정보가 얼마나 큰 혼란과 손실을 유발하는지 우리는 톡톡히 경험했습니다. SNS 중심으로 유포되는 잘못된 의료, 육아 정보는 돌이킬 수 없는 결과를 만들기도 합니다.

　아이를 처음 키우는 초보 부모는 아이 재우기, 배변 훈련하기, 아이의 짜증 대처하기 같은 문제 상황을 해결하고 싶을 때 소셜 미디어에서 조언을 구한다 합니다. 0~4세 자녀를 둔 부모 다섯 명 중 네 명이 음식 섭취, 행동 문제 등에 대한 육아 조언을 소셜 미디어에서 얻는 것으로 확인됐습니다. 미국 미시간대 C.S.모트 어린이 병원 연구 팀이 연구하고 분석한 결과입니다.

　우리나라도 예외는 아닙니다. 많은 초보 엄마가 인터넷 검색으로 전문가의 조언을 대신하고 부모들끼리 경험에 의존하는 조언을 주고받습니다. 미시간대 C.S.모트 어린이 병원 측은 연대감을 느끼는 다른 양육자의 이야기를 듣는 것에 이점이 있지만 비판적으로 접근해야 한다고 조언합니다. 가정의 상황이 각기 다르며 다른 사람의 경험이 자신의 자녀에게 적합한 해결책은 아닐 수 있기 때문입니다. 이 과정에서 허위 정보나 부정확한 정보가 공유될 수도 있으니 신중하게 모니터링하고 걸러 낼 것은 걸러 내고 검증하는 비판적 사고 과정을 거쳐야만 더욱 큰 문제 상황을 예방하고 스트레스를 피해 갈 수 있습니다.

　4. 비판적 사고력이 있으면 자존감이 높아집니다.
　정신 신경과 전문의 전미경 님은 자존감도 지성의 영역이라고 강조합니다. 자존감은 감정 상태가 아니라 자율적인 존재로 살아가기 위한 사고 능력에 가깝다는 것입니다. 자존감을 느끼는가의 여부는 생각하는 능력이 좌우한다는 건데요.

"감정은 자동 반응이다. 수시로 고양되고 무너진다. 자존감에서 감정과 이성은 톱니바퀴처럼 맞물려 돌아간다. '왜 불안하지? 왜 슬프지?'라고 묻고 솔루션을 찾아야 한다. 자존감이 낮은 분들은 대개 지성이 떨어진다. 지성은 지능이 아니라 합리적인 판단, 적극적 사고의 힘이다."

그는 감정의 롤러코스터를 타는 가짜 자존감에서 벗어나 진짜 자존감을 갖기를 권하는 사람들, 자존감이 낮았다가 높아진 사람을 분석했는데, 그 첫 요인이 합리적인 정보로 쌓은 분별력이었다고 합니다. 비판적 사고의 요소인 비판적으로 생각하기, 성찰하기, 메타 인지를 갖춘다면 지성이 발달하여 진짜 자존감을 갖게 되는 것은 시간 문제로 보입니다.

5. 비판적 사고력이 있으면 마음이 편안합니다.
샌프란시스코주립대 경영학과 로널드 퍼서 교수는 마음을 챙기는 데도 비판적 사고가 필요하다고 주장합니다.

"마음챙김 수련이 '현재에 머무르기' 정도로 축소된다면 내 경험을 마음챙김할 수는 있겠지만, 경험을 겪게 한 원인과 상황을 인식하지는 못할 것이다. 내가 직장에서 분개하고 이용당하는 느낌이 들고 스트레스를 받고 있는데 그저 현재에 집중하라는 지시를 받는다면 내 불안을 야기하는 데 일조한 상황들을 무슨 수로 변화시키겠는가?"

퍼서 교수는 스트레스를 덜 느끼는 것이 매우 중요한데, 그러려면 마음의 평정이 아니라 마음에 힘을 실어 주는 통찰력이 겸비돼야 한다고 강조합니다. 진정으로 혁명적인 마음챙김은 사회를 그리고 시민을 해방시키는데, 그 해방은 판단하지 않고 모든 것에 초연한 자세가 아니라 비판적 사고에 달려 있다고 설명합니다.

6. 비판적 사고력이 있으면 일머리가 생깁니다.

일터에서 글쓰기 능력, 필력은 지적 생산성과 성과를 좌우합니다. 일터 밖에서 '전 국민 작가 시대'라 해도 과언이 아닐 정도로 많은 이가 글을 씁니다. 글을 잘 쓰려면 먼저 의도를 확인하고 의도에 맞게 의식적으로 사고해야 의미 있는 결과물을 만들 수 있습니다.

여기서 말하는 의식적인 사고 과정이 비판적 사고입니다. 정보를 고르고 거르고 확인하고 그것을 어디에 어떻게 넣을지 선택하고 문장과 단어로 적절하게 표현하는 일, 그리하여 의도한 방향대로 독자를 움직이게 만드는 글쓰기는 비판적 사고와 성찰 능력과 메타 인지의 합작품입니다.

7. 비판적 사고력이 있으면 집중력이 생깁니다.

타고난 '생각하기 싫어 병'에 정보 과부하까지 더해져 우리의 집중력은 죄다 도둑맞습니다. 그로 인해 산만하기 짝이 없고 충동적인 행동은 우리의 새로운 기본 값입니다. 여기에 우리의 시간과 관심은 AI가 던져 놓은 알고리즘에 포박당해 있습니다. 하나 낯설지 않은 이런 상황은 우리의 인지 능력을 절대적으로 떨어뜨립니다. 문제 해결 능력이 극단적으로 뒤처지게 됩니다. 비판적 사고력은 이런 모든 중독 증상에 대한 해독제입니다.

생각의
질서를
어떻게
잡는가?

나는 그저 생각 속으로 들어갔을 뿐이다. 내가 답을 찾은 것이 아니라 생각이 답을 찾아낸 것이다.

-조훈현(바둑 기사)

생각을 눈에
보이게 하라

마빈 바우어는 세계적인 전략 컨설팅 기업 맥킨지의 토대를 만든 사람입니다. 그는 컨설턴트의 핵심 역량이 글쓰기에 있다고 봤습니다.

"잘 쓸 수 있다면 생각을 더 날카롭게 가다듬고 본질을 파악할 수 있다."

그는 이 접근 방식을 장려했고, 맥킨지에 대한 아이디어를 계속 글로 표현하라고 독려합니다. 그리고 이런 결론을 냅니다.

"실제로 검토하거나 이행할 가치가 있다고 판단된 글을 쓴 사람들은 대부분 뛰어난 두뇌와 기질을 갖추고 책임 있는 자리에 승진할 만한 인물들이었다."

마빈 바우어는 뛰어난 보고서를 쓰는 것은 아주 어려운 일이라 이를 완전히 생략하거나 시각 자료로 대체하는 경우가 많다며 글쓰기의 중요성을 역설했습니다.

글쓰기로 사고력을 단련하게 하는 방법은 맥킨지의 전통입니다. 맥킨지 창업주인 제임스 맥킨지도 머리 안이 제대로 정리되지 않으면 논리적이고 명쾌한 보고서를 쓰는 것이 불가능하기 때문에 보고서 쓰기가 가장 효과적인 연수 방법이라고 믿었습니다. 요컨대 가장 유능한 전략 컨설팅 기업으로 꼽히는 맥킨지의 성공 비결은 '생각을 보이게 하라'는 전략입니다.

—
하버드가 150년간
글쓰기에 매달린 진짜 이유

하버드가 글쓰기 수업에 150년이나 공을 들인 것도 마찬가지 이유입니다. 1872년 이래로 하버드대 신입생은 전공 불문, 필수적으로 글쓰기 수업 '익스포스(Expos, Expository Writing Program)'를 수강해야 합니다. 이 프로그램은 '글쓰기와 사고는 불가분의 관계이며 좋은 생각에는 좋은 글쓰기가 필요하다'는 철학을 천명합니다.

학생들은 의무적으로 임하는 한 학기 동안 적어도 3~4편의 글을 쓰고 내용을 중심으로 토론합니다. 소규모 세미나로 진행되는 수업에서 전문 강사는 학생들이 초안을 작성하고 수정하는 과정을 통해 설득력 있는 아이디어를 만들고 이를 증명하도록 돕습니다. 일련의 모든 작업이 쓰면서 생각하기, 생각을 눈에 보이게 하는 전략에서 나온 것입니다. 하버드를 졸업할 때까지 써야 하는 글이 50kg이나 된다고 하는데요. 그러는 동안 학생들은 '생각하려면 글로 쓴다'는 규칙을 뼛속 깊이 각인합니다.

글쓰기가 사고력을 키우는 가장 유용한 방법인 이유는 머릿속에 든 생각을 밖으로 끄집어내 대상화하기 때문입니다. 생각하는 내용을 눈으로 보면 더 잘 이해되고 더 깊이 파고들어 사고를 만들고 확장할 수 있습니다. '사고의 가시화' 전략이라 불리는 이런 방법은 초중등 학생들이 스스로 생각하도록 가르치는 방법을 제공하는 하버드의 프로젝트 제로 연구 팀이 채택한 기본 전략입니다.

하버드 프로젝트 제로 팀의 연구는 학생들이 생각을 잘하지 못하는 것은 깊이 생각할 능력이 없기 때문이 아니라 깊이 생각할 기회가 없고 생각하고 싶지 않기 때문이라는 인식에서 출발합니다. 연구진은 사고 능력을 습득하려면 사고 훈련이 필요하고 사고 가시화 방법을 활용하면 학생들이 사고에 필요한 능력과 태도를 습득할 것으로 믿습니다. 연구 팀이 말하는 사고 가시화란 미릿속에서 일어나는 사고 작용을 눈으로 보면서 생각하는 것을 말합니다. 노트나 메모지에 단어로 표현하거나 그리거나 부호로 표시하며 정보의 계층이나 중요도를 정리한 피라미드를 써 보는 등 생각을 보이게 하면 각 정보의 관계성이나 이야기의 흐름을 파악할 수 있어 더욱 구체적으로 더욱 명료하게 비판적 사고가 가능하다는 것이 연구진의 설명입니다.

미국의 언어학자 월리스 체이프 교수는 생각을 눈에 보이게 만드는 것이 어째서 중요한지를 더 자세히 설명합니다. 인간의 의식은 연속해서 흐르는 것이 아니라 토막의 연속이기 때문에 생각의 가시화가 필요하다고 전제합니다. 우리가 생각한다면서 떠올리는 것은 토막토막 난 생각일 뿐이며, 이 생각 토막들이 머릿속에서 수시로 떠올랐다 불시에 사라지고 엉뚱한 방향으로 튀고 맥락 없이 들락거리는 바람에 질 높은 사고는커녕 진득하게 생각할 수조차 없다는 것입니다. 만일 생각한 것을 그대로 정리하면 생각 토막을 이어 붙인 것에 불과하지만, 이렇게 포착한 생각 토막들을 주어와 서술어가 포함된 완전한 문장으로 정리하면 보다 쓸 만한 생각을 만들어 낼 수 있다고 설명합니다.

손으로 쓰면서
생각하라

세계 최고 투자자 워런 버핏은 머리 밖에서 생각합니다. 쓰면서 생각하기의 명수입니다.

> "나는 글을 쓸 때 생각하게 되고 다시 배운다. 내가 생각했다고 하는 어떤 것들은 글로 써서 사람들에게 설명하려 할 때에서야 전혀 말이 안되는구나 깨닫는다."

그는 자신의 생각을 점검하고 다듬는 데 글쓰기만한 도구가 없음을 잘 압니다. 글쓰기가 '생각의 도구'라는 데 도달한 워런 버핏의 깨달음은 인류가 체득한 오래된 지혜입니다. 생각을 눈에 보이게 하는 도구, 글쓰기에 어째서 이런 효능이 있을까요?

병원 외래 환자들에게 다음 번 진료 예약 시간을 직접 쓰도록 하면 예약 시간에 병원에 나타날 확률이 18%나 높아진다고 합니다. 사람들한테 자신의 약속을 직접 쓰도록 하는 것만으로 약속을 지킬 확률이 크게 올라간다는 것인데요. 단지 썼을 뿐인데, 이토록 대단한 효과를 가져오는 이유에 대해 《설득의 심리학》을 쓴 로버트 치알디니는 이렇게 설명합니다.

> "능동적으로 행동할 때 뇌의 특정 부분이 더욱 활성화되는데 손으로 쓰는 행동을 하면 그 행동을 기억할 확률이 그러지 않을 때에 비해 크게 높아지기 때문이다."

종이 위에서 생각하면 생각을 따라잡고 생각들을 통제하며 이리저리 살피면서 사고하기가 가능합니다. 이런 과정을 통해 생각은 깊어지고 확장되며 완성되죠. 이것이 '쓰기'라는 마법의 원리라고 치알디니 교수는 설명합니다.

의도한 대로 의미 있는 결과를 만드는 생각하기는 제법 긴 시간을 필요로 합니다. 이 긴 시간 동안 생각하는 내용을 머릿속에 그냥 두고 작업하다가는 잊어버리기도 하고 꼬이기도 하고 사라지기도 합니다. 당초 의도와 전혀 무관한 결과물이 나오는 경우도 흔합니다.

쓰면서 생각하면 시작부터 끝까지 사고를 일관되게 진행하고 다듬을 수 있습니다. 쓰면서 생각한 흔적을 더듬어 가며 놓친 생각을 다시 부여잡을 수 있고 흩어진 생각을 간추릴 수 있습니다. 쓰면서 생각하면, 생각을 단어와 문장에 담으면 다른 생각들과 또 이미 알고 있는 것들과도 연결하기가 쉽습니다.

결과적으로 생각을 눈에 보이게 하면, 쓰면서 생각하면, 남다른 생각을 만들어 내기도 수월합니다. 혁신적인 사고로 또 창의적인 아이디어로 세상을 바꾼 탁월한 능력자들의 비결은 이토록 사소한 '쓰면서 생각하기'입니다. 그들의 업적은 언제든 무엇이든 쓰거나 적거나 하면서 생각을 정리하고 쓰면서 답을 찾고 쓰면서 머릿속 생각 공장을 최대한 가동시킨 결과입니다.

—
생각을 돈으로 바꾸는
상위 1% 부자들의 비결

미국의 경제학자 이매뉴얼 사에즈 교수가 미국 부자 가운데 1%의 상위 그룹을 부르는 말이 따로 있습니다.

'새로운 일을 하는 부자.'

사에즈 교수는 현재 미국의 10대 부자 중 80%가 디지털 경제 영역에서 배출됐으며 상속 부자들에 비해 훨씬 빠른 속도로 부를 축적했다고 밝혔는데요. 사에즈 교수가 보기에 지금까지의 부자가 부동산에 기반을 둔 '상속 부자'라면 새로운 부자는 '일을 하는 부자'입니다. 사에즈 교수가 말하는 '일'이란 생각하기가 전부입니다. 특정한 문제를 해결하거나 충족되지 못한 욕구를 해결하는 생각 하나가 큰돈을 벌어들이죠.

생각하는 일을 하며 비싼 대가를 받는 이들 중 하나가 전략 컨설팅 기업입니다. 맥킨지, 보스턴컨설팅그룹, JP모건 같은 전략 컨설팅 기업들은 컨설팅 건당 수십 수백억 원의 비용을 받는 세계 최고의 일머리들이 모인 집단입니다. 세계 최고의 일머리들이 '비싼' 사고력을 구사하는 데는 그들만의 비결이 있습니다.

컨설팅 결과물을 만들기 위해 자료를 모으고 이를 가공하는 과정에서 그들은 도구를 활용합니다. 도구를 활용하여 더 쉽게 더 빠르게 더 멋지게, 그리하여 부르는 게 값인 결과물을 만듭니다. SWOT, 4P, 3C, 5W1H 같은 프레임 씽킹이 대표적인 도구입니다. 이 도구들은 생각을 눈에 보이게 만들어 주는 일을 합니다. 컨설턴트들의 높은 연봉은 생각을 눈에 보이게 하는 것으로 만들어집니다.

생각하기는 형체도 실체도 없기 때문에 머릿속에서 작업하면 고민하기에 그칩니다. 생각하기가 아니라 고민하느라 시간 에너지를 다 탕진하죠. 생각하기에 서툴수록, 생각하기가 겁날수록 컨설턴트들처럼 생각을 눈에 보이게 도와주는 도구를 활용해야 합니다. 그래야 생각할 엄두가 납니다. 그래야 비판적 사고력 같은 고차적 사고에 도전할 용기가 생깁니다. 비판적 사고력을 키우는 데 결정적인 도움을 주는 도구이자, 사고력으로 먹고사는 몸값 비싼 컨설턴트들이 애용하는 도구를 소개합니다. 생각을 눈에 보이게 만드는 쓰면서 생각하기와 5W1H 도구 두 가지입니다.

육하원칙
순서대로 정리하라

"이렇게 하면 생각 훔치기, 글 도둑질입니다."

나는 글쓰기 수업에서 이런 극단적인 피드백을 합니다. 출처를 밝히지 않고 남의 글을 가져다 쓰는 경우에 나는 표절이니 도용이니 하는 두루뭉술한 표현 대신 이렇게 콕 집어 알려 줍니다. 생각한다면서 남의 생각을 읊조리거나 남이 말한 것을 기억했다 떠올리거나 좋다는 것을 짜깁기했으면서 스스로 생각한 줄 알고 생각한 척하는 아주 나쁜 습관은 비판적 사고를 할 줄 모르기 때문에 발생합니다.

비판적 사고 능력을 갖춘 사람은 무엇보다 남의 생각, 내 생각을 구분하기가 철석같습니다. 비판적으로 사고할 줄 알면 책으로든 인터넷으로든 얻어 낸 지식과 정보를 살피고 고르고 선별하고, 내 생각이 아닌 것에는 출처를 표기하여 구분하고 이런 작업을 통해 내가 생각한 것, 내가 말하려는 것을 분명하게 전할 수 있습니다. 이런 사람은 내 생각에, 내 말에 나도 모르게 남의 생각, 남의 말이 섞여 든 것을 수치스럽게 생각합니다. 비판적 사고 능력을 발휘하는 사람은 남의 생각과 지식과 정보에 대해 의도와 내용을 정확하게 파악하고 그것에 대한 나의 생각과 의견을 만들고 이를 공유하는 과정에서 내 것, 남의 것을 명확히 구분하여 언급함으로써 사고의 리더십을 발휘합니다.

내 머리로 생각하려면 남의 말이나 주장을 생각 없이 받아들이는 것부터 피해야 합니다. 누구의 말도 믿지 않고 의심해야 합니다. 들리는 대로 듣고 보이는 대로 믿기보다 사실 여부부터 확인해야 합니다. 비판적 사고는 합리적 의심과 팩트 체크가 교차하는 곳에서 시작됩니다. 합리적 의심은 이런 말들을 낳습니다.

'그게 진짜야?'
'어째서 진짜야?'

이런 말을 한다는 것은 믿지 않아서가 아니라 확인을 거듭하는 과정일 뿐입니다.

—
비판적 사고의 원천
5W1H 질문법

맥킨지 같은 세계적으로 유명한 컨설팅 회사의 컨설턴트들은 다양한 문제를 바르고 빠르게 해결하는 데 도가 트였습니다. 그들이 이런 성과를 낼 수 있는 비결 중의 하나가 5W1H라는 질문 도구를 사용하는 것입니다. 5W1H 도구는 질문을 만들고 답을 모색하는 과정에서 문제 해결의 실마리를 찾게 합니다. 5W1H 도구는 문제를 체계적으로 분석하고 해결하는 데 도움이 되는 방법론입니다. 5W1H 도구 하나면 어떤 합리적 의심도 없이 문제를 시간, 장소, 인물, 방법 등 다양한 측면에서 분석할 수 있도록 도와줍니다.

질문은 비판적 사고의 도화선 역할을 합니다. 생각의 물꼬를 트고 생각의 불꽃을 일으키는 도화선이 되는 이런 질문은 열린 질문이라야 합니다. 열린 질문은 답이 정해져 있지 않습니다. '예, 아니오'로 짧게 답할 수 없죠. 열린 질문에는 답변이 자유롭고 제한이 없습니다. 열린 질문은 답변하는 사람이 생각한 것, 느낀 것, 궁금해한 것에 대해 답하고 싶게, 즉 생각하게 만듭니다. 열린 질문은 의문사로 시작하는 경우가 흔합니다.

누가(Who) / 무엇을(What) / 언제(When) /

어디에서(Where) / 왜(Why) / 어떻게(How)

즉 5W1H입니다. 5W1H 도구는 어떤 상황에서도 비판적 사고를 위해 동원 가능한 질문의 도구입니다.

앞서 언급한 하버드 프로젝트 제로는 하버드교육대학원이 학생들의 비판적 사고 능력을 키워 주기 위해 다양한 사고 비법을 개발하여 보급하는 프로젝트입니다. 이 프로젝트가 제시하는 사고 비법 가운데 '왜 그렇게 말하는데?(What Makes You Say That)'라는 사고 루틴이 있습니다. 이 루틴은 학생들이 자신이 한 대답을 끌어낸 생각을 '왜 그렇게 말하는지' 자세히 설명하게 하는 것입니다. 질문 받고 답을 떠올리며 학생들이 자기 생각의 뿌리를 확인하도록 돕습니다. 학생들은 이 질문에 다양한 증거에 기초하여 자신이 생각한 것을 동료 학생들과 공유합니다. 이로써 동료 학생들이 자신이 생각한 주제나 아이디어에 대해 제시한 다양한 견해와 관점을 살펴볼 기회를 갖습니다.

비판적 사고를 촉진하는 사고 루틴 중 하나인 '무엇 때문에 그렇게 말하는데?(What Makes You Say That)'는 매우 간단하지만 사고를 쉽고 명료하게 하는 데 아주 큰 효과를 가져오는 질문 유형입니다. 때문에 하버드의 프로젝트 제로 팀이 제안하는 사고 루틴 가운데 완벽하게 통합된 것 중 하나로 꼽힙니다.

이 루틴을 사용하여 사고가 정리되면 '주장, 근거, 질문' 루틴으로 아이디어나 의견을 피력합니다. '주장, 근거, 질문' 루틴은 주장을 식별하고 조사하기 위해 고안된 루틴으로 주장을 뒷받침하거나 반박하는 다양한 사실과 근거를 제시하거나 요구합니다. 이런 과정을 거쳐 학생들이 정보를 분석적으로 접하고 건전한 회의론으로 처리하는 것을 배워 더욱 비판적인 정보 소비자가 되게 한다는 것이 하버드 프로젝트 제로 팀의 의도입니다.

하버드 프로젝트 제로 사고 루틴의 하나인 '주장, 증거, 질문' 루틴은 5W1H 질문 도구 프레임의 'Who, What, When, Where, Why, How' 질문과 같습니다.

정보가 차고 넘치는 시대를 살며 정보의 진위를 가려내는 안목과 감각이 없으면 의사 결정에 혼란이 생기고 잘못된 정보에 크게 휘둘립니다. 5W1H는 가짜 뉴스와 허위 뉴스를 걸러 내는 데도 탁월한 도구입니다. 정보와 맞닥뜨리면 '누가, 무엇을, 언제, 어디서, 왜, 어떻게'라는 여섯 가지 핵심 질문을 던져 유용한 것을 선별하고 필요한 것을 선택할 수 있습니다.

1. Who: 누가 만든 정보인가?

정보를 생산한 사람이 누구인지 확인합니다. '해당 분야에서 인정받는 전문가 또는 조직인가?', '정확성과 신뢰성을 인정받는 이들인가?', '해당 정보를 생산할 만한 자격이나 조건을 갖췄는가?'와 같은 점을 확인합니다. 이 과정에서 남의 정보를 복사하여 붙이기를 일삼는 '복붙꾼'이 가려집니다.

2. What: 무엇에 대한 정보인가?

주장하는 바가 무엇이며 그 주장을 뒷받침할 증거가 제시되는가? 그 증거는 검증되는가? 내용과 제목이 일치하는가? 다양한 관점을 제시하는가? 출처가 인용되는가? 등을 살펴 정보의 퀄리티를 점검합니다.

3. When: 언제 나온 정보인가?

자고 나면 새로운 연구가 쏟아집니다. 정보를 발행하거나 공유한 날짜를 확인하여 최신 정보인지 아닌지를 살핍니다. 또 정보를 구성함에 있어 주요 사안이 논리 정연하게 서술되고 중요한 이벤트가 정확한 순서로 제시되는지도 살핍니다. 조작된 정보는 논리성도 허술하고 타임라인도 맞지 않습니다.

4. Where: 어디에서 나온 정보인가?

어디에 실린 정보인지 확인하세요. 개인 웹 사이트인지, 언론에 인용됐는지, 유력한 출판사에서 출간됐는지 등을 확인해 정보의 신뢰성을 가늠할 수 있습니다.

5. Why: 정보의 의도가 무엇인가?

모든 정보는 의도를 갖고 발행됩니다. 정보를 공유하는 목적이 무엇인지 살펴야 합니다. 상업적인 목적을 가진 정보의 경우, 자신이 판매하는 제품이나 서비스를 사게끔 정보를 임의로 조작하거나 구성할 수 있습니다.

6. How: 정보를 어떤 식으로 제공하는가?

정보를 제공하는 방식이 이성적인지 감정적인지, 문장이 바르고 맞춤법 등 표기가 맞는지, 객관적이고 설득력 있게 주장하는지, 일방적으로 밀어붙이는지와 같은 표현을 살핍니다.

미국 대학가에서 AI 커닝을 막으려 2,400년 전 소크라테스식 구술 시험을 도입했다는 소식을 들었습니다. 말하기가 싫어 통화조차 피하고 어색해하는 학생들은 이런 방식의 시험에 아주 많이 당황했다죠. 하지만 곧 '개념을 말로 설명하려면 더 깊게 이해해야 해서 공부를 더 많이 하게 됐다'는 소감을 전했다 합니다. 배운 것을 실제로 아는지 모르는지 점검하는 메타 인지 능력을 점검하는 데는 5W1H 도구가 제격입니다.

최소한의 단위로
나눠라

나는 생각을 정리하거나 글을 쓸 때 맨 먼저 5W1H 프레임을 불러 냅니다.

'누구에게 필요하지?'

'무엇에 대한 생각이지?'

'언제 필요하지?'

'어떤 경우에 필요하지?'

'왜 필요하지?'

'어찌라는 기지?'

이 여섯 가지 질문이면 막연하고 애매하고 모호하던 생각이 어느 새 탄탄한 아이디어로 바뀝니다. 내가 고안한 어떤 개념을 설명할 때도 여섯 개의 의문사 'Who, What, When, Where, Why, How'로 정리하는데, 아주 빠르게 잘 전달됩니다. 5W1H 프레임을 사용할 때마다 드는 궁금증은 '글을 쓰거나 생각이 필요한 순간에 왜 이렇게 편한 도구를 마다하는 걸까?'입니다.

5W1H는 내 눈에 산악인에게 필수인 스위스칼처럼 보입니다. 필요한 것들로 필요한 만큼만 구비된 스위스칼처럼 5W1H 도구 역시 최소한의 기능으로 최대한의 작업을 합니다. 비판적 사고를 촉진해 문제를 해결하고 과제를 수행하며 지적 생산성을 향상하는 사고 능력자들의 극강의 도구입니다.

—
단 여섯 가지로
쪼갰을 뿐인데

5W1H 도구는 수행할 과제나 해결해야 할 문제, 상황, 수집한 정보와 머릿속 생각의 전체를 파악하는 데 매우 요긴합니다. 내용의 사실 관계와 인과 관계, 누가 무엇을 했느니 아니니 하는 주술 관계, 주장에 대한 신빙성과 그 주장이 목적과 맥락에 부합하는가를 점검하는 데 그만입니다.

1. Who: 누가 주도하거나 관여하는가? 누가 대상인가?

2. What: 무슨 일이 일어났는가? 무엇에 대한 것인가?

3. When: 언제 일어났는가? 언제까지 해야 하는 일인가?

4. Where: 어디서 일어났는가? 어디서 이뤄져야 하는가?

5. Why: 왜 일어났는가? 왜 일어나지 않았는가?

6. How: 어떻게 일어났는가? 어떻게 이뤄지면 안 되는가?

5W1H 도구로써 이런 전모를 파악하고 분석하고 이해하면 주어진 사안, 상황의 복잡성을 한눈에 파악하는 능력을 발휘할 수 있습니다.

일머리 좋은 사람들은 일을 최소한의 단위로 쪼개어 합니다. 철학자 르네 데카르트가 말한 대로 '어려운 문제를 풀 때는 가능하고 필요한 만큼 최대한 분해'합니다. 질문 도구 5W1H는 사고 과정을 최소한의 단위로 나눠 생각하게 합니다. 덕분에 사고가 쉬워집니다.

비판적 사고는 의도한 대로 의미 있는 결과를 만들기 위해 정보에 입각한 판단이나 결정을 내립니다. 이를 위해 다양한 정보를 수집하는데, 이때 5W1H 도구를 활용하면 빠짐없이, 중복 없이 그리고 시간, 에너지, 비용이라는 자원 낭비 없이 정보를 수집할 수 있습니다. 수집한 정보를 분별할 때도 5W1H 도구가 제격입니다. 5W1H 도구는 언론계 종사자들이 일상적으로 활용합니다. 5W1H로 의심하고 점검하고 보완하고 수정하는 것이 그들의 일입니다.

비판적 사고는 어떤 한 생각이 논리 정연하게 전개됐는지 점검하기도 합니다. 어떤 용도로든 사고의 과정은 논리성을 기본으로 요구합니다. 5W1H 도구는 논리적 사고에 더욱 유용합니다. 논리적 사고가 요구되는 어떤 상황에서도 5W1H는 마스터키가 됩니다. 주장, 생각, 판단 또는 행동을 함에 있어 논리적으로 어필하려면 여섯 개의 의문사 가운데 '왜(why)'를 자주 사용하면 논리성이 더 탄탄해집니다.

- 왜 나여야 하는가? (who)
- 왜 이것이어야 하는가? (what)
- 왜 지금이어야 하는가? (when)
- 왜 여기여야 하는가? (where)
- 왜 이래야 하는가? (why)
- 왜 이렇게 해야 하는가? (how)

GPS처럼
곧장 목표로 가라

　비판적 사고는 의도한 대로 목적을 달성하는 전략적 사고입니다. 합리적이고 이성적이며 지적인 방법으로 사고하여 문제를 해결하는 데 필요한 답이나 의견, 메시지를 만들어 냅니다. 이를 위해 정보를 수집하고 분석하고 평가하여 합리적이고 이성적인 판단을 내리는 데 중점을 둡니다.

　나는 비판적 사고를 원하는 생각을 만들어 내는 데 최적화됐다 하여 'GPS 사고법'이라고도 부릅니다. GPS(Global Positioning System)는 GPS 위성에서 보내는 신호를 수신하여 사용자의 현재 위치를 계산하는 위성 항법 시스템이죠. GPS 덕분에 항공기, 선박, 자동차는 물론 스마트폰을 통해 개개인이 원하는 목적지까지 닿는 최적의 경로를 제공받습니다. 비판적 사고력도 위성 항법 시스템처럼 작동하여 우리가 의도한 대로 의미 있는 결과를 만드는 최적의 경로를 안내받을 수 있습니다.

1. 목적 지향적입니다.

GPS 시스템처럼 비판적 사고도 특정 목표나 목적지에 도달하는데 초점이 맞춰져 있습니다. GPS 시스템에서 물리적 위치에 도달하는 것이 목표이듯, 비판적 사고에서 목표 또는 목적지란 합리적인 의사 결정을 하여 문제를 해결하는 것입니다.

2. 증거 기반의 생각 경로를 제시합니다.

비판적 사고와 GPS는 이런 목적성을 충족하기 위해 관련 정보와 데이터에 입각하여 결정을 내리고 탐색하고 판단합니다. 체계적이고 객관적인 사실이나 결론을 도출하기 위한 증거가 필수적으로 요구됩니다. 여기서 말하는 증거란 주장 또는 결론을 뒷받침하는, 신뢰할 수 있고 관련성이 있는 정보를 의미합니다. 여기서 말하는 사실이란 객관적이고 검증 가능한 진실을 말합니다. 비판적 사고력은 이런 증거를 기반으로 명확하고 간결하며 설득력 있는 방법으로 정보를 제시하고 설득합니다.

3. 의도에 맞게 조정하고 조절합니다.

의도한 대로 목적에 맞게 목표에 맞춰 의미 있는 결과를 만들기 위해 확보한 증거들을 활용하여 의미 있는 결과를 만들어 냅니다. 이과정에서 상황에 맞게 생각의 방향을 조정합니다. GPS 시스템이 교통 상황이나 도로 여건에 돌발 상황이 발생할 경우 사용자의 위치를 실시간으로 확인하여 경로를 조정하듯 비판적 사고 역시 새로운 정보가 생기거나 문제와 관련된 상황이 바뀌면 그에 따라 생각의 과정을 조정하여 결론을 바꿔 갑니다.

—
지적 면역 체계를 바로잡아야
길을 잃지 않는다

GPS 사고법이라 불리기 충분한 비판적 사고는 직관적이고 즉각적인 원샷으로 불가능합니다. 그래서 비판적 사고는 '비판적으로 생각하기', '반성적으로 생각하기', '생각하는 자기 자신을 생각하기'라는 각각의 생각 기술이 복합적으로 작동합니다. 이런 복합적인 작업을 해야 하기에 비판적 사고는 머리 밖에서 쓰면서 생각하기를 기본값으로 필요로 하고, 컨설턴트처럼 5W1H 도구의 도움을 받아 의식적으로 사고함으로써 의도한 대로 의미 있는 결과를 만들어 냅니다.

지적인 능력, 지능은 동물적 본능과 구분되는 인간적인 요소입니다. 비판적 사고력은 사실과 근기를 통해 합리적으로 생각하는 능력으로 인간 지능의 최고봉입니다. 하지만 우리는 인공 지능이 조작하는 알고리즘에 휘둘리며 즉각적으로 생각하고 끌리는 대로 행동합니다. 비합리성이 기본값으로 설정돼 있습니다.

미국의 상담 심리학자 앨버트 엘리스 박사는 비합리적인 사고 과정을 '악취 나는 생각'이라고 표현합니다. 엘리스 박사가 사용하는 '합리적'이란 단어는 현실적이고 실제적이며 증거와 데이터 기반이라 입증할 수 있고, 또한 관찰 가능한 진실을 의미합니다. 현실적이지 않고 증거도 없고 데이터도 없고 입증 불가한, 일단 던지고 보는 뇌피셜은 인공 지능에 휘둘리는 우리에게서 나는 악취입니다. 이런 악취는 프랑스 디드로대학의 제럴드 브로너 교수에 따르면 '지적 면역 체계'가 무너졌기 때문입니다.

'개인이 정보를 비판적으로 평가하고 잘못된 정보와 잘못된 정보의 영향에 저항할 수 있는 능력'을 지적 면역 체계라 설명하는 브로너 교수는 오늘날 정보가 포화된 세상에서 해롭거나 오해를 불러일으키는 생각으로부터 자신을 보호하기 위해 지적 면역 체계를 개발하는 것이 중요하다고 주장하죠. 브로너 교수는 지적 면역 체계를 개발하려면 정보를 객관적으로 분석하고 편향을 식별하고 출처의 신뢰성을 평가할 수 있도록 하는 비판적 사고 기술을 개발해야 한다고 강조합니다.

제럴드 브로너 교수의 주장대로 지적 면역 체계가 무너지면 지적 대사 증후군이 심각한 증상으로 발전하고 마침내 사고 부전증으로 사고 마비가 일어납니다. 생각이 힘이고 돈인 시대, 사고력이 생존력인 시대를 살아가기 힘들죠. 제널드 브로너 교수가 제안한 지적 면역 체계를 갖추는 것, 이것이 글로벌 대학들이 학생들에게 그토록 비판적 사고력을 단련하게 하는 이유가 아닐까 합니다. 지적 면역 체계가 갖춰지면 지적 대사 증후군이 예방되고 그럼 사고 부전증으로 인한 치명적인 증상들로 일과 일상이 무너지지 않아도 될 테니까요. 지적 면역 체계를 갖추고 지적 대사가 활발하게 이뤄지도록 비판적 사고, GPS 시스템을 기본 옵션으로 작동해야 합니다.

점검하고 수정하고
보완하고 활용하라

　OECD에서 '성인 경쟁력에 대한 국제 조사'를 한 적이 있습니다. 이 조사는 '문해력', '수치력', '컴퓨터를 사용한 기술적 문제 해결 능력'이 일하는 사람의 경쟁력을 좌우한다고 전제하고 이 세 가지의 상관성을 탐구합니다. 그랬더니 문해력이 다른 두 능력을 좌우하며, 문해력이 좋으면 수학적 두뇌도 좋고 기술적 문제 해결 능력도 뛰어나다는 결론에 다다릅니다. 하지만 생성형 AI가 사람과 산업군을 온통 뒤집어 놓은 지금, 성인의 경쟁력에 강력한 하나가 더 보태져야 합니다. 생성형 AI 기술이 일터에 전면적으로 보급되면 구성원에게는 새로운 직무가 요구되죠. 그중 AI가 생성한 콘텐츠를 큐레이팅하는 것이 가장 보편적입니다.

큐레이팅이란 박물관이나 미술관에서 전시회를 기획하고 작품을 수집하고 관리하는 일을 말합니다. 온라인에서 특정 정보를 찾아 정리하고 목적에 따라 재구성하여 사용자에게 전달하는 활동을 디지털 큐레이팅이라 하는데요. AI 콘텐츠 큐레이팅이란 생성형 AI가 생성한 결과물인 콘텐츠를 점검하고 수정하고 보완하여 업무에 활용하는 능력이라 할 수 있습니다. 컴퓨터를 활용한 문제 해결 능력이 모든 직업군에서 필수 능력으로 요구되듯, AI가 생성한 콘텐츠를 큐레이팅하고 편집하여 의도에 맞게 콘텐츠가 정확하고, 관련성이 있는가를 확인하여 활용하는 능력입니다.

나는 이런 능력에 맞는 이름이 'AI 콘텐츠 큐레이팅'이라 생각합니다. 이 능력은 전략 컨설팅 기업의 컨설턴트들이 갖춘 기본 능력이나 다름없습니다. AI가 생성한 내용을 분석하고 추론하며 기존의 것과 연결하고 종합하여 텍스트를 정리하고 통찰을 끌어내는 능력 그리고 이를 상대가 이해하기 쉽게 전달하는 의사소통 능력이죠. 물론 이 모든 것을 비판적 사고 능력이 진두지휘합니다.

—

AI 콘텐츠를 다시 차별화하는
AI 콘텐츠 큐레이팅

2020년, 세계경제포럼은 〈일자리의 미래 보고서〉에서 이미 복잡한 인공 지능 산출물을 평가하고 해석하고 정리하는 능력을 포함하여 비판적 사고와 문제 해결 능력이 미래에 필요한 기술 중 하나가 될 것이라 했습니다. 이런 내용을 기사로 접할 때만 해도 그러려니 했는데, 막상 챗GPT를 앞세운 생성 군단의 진격을 경험하자니 세계 경제포럼의 조언이 너무도 실감납니다.

AI 콘텐츠 큐레이팅 능력에는 콘텐츠가 담아낸 내용을 정확히 이해하며 오류와 편향을 식별하는 기술도 당연히 포함됩니다. AI가 만든 콘텐츠를 비판적으로 살피고, 전반적으로 모니터링하고, 선택해야 합니다. 또 해당 내용을 자신이 제대로 아는지 모르는지를 알아차리는 메타 인지 기술까지 요구됩니다. 또한 AI 콘텐츠 큐레이팅은 의미가 왜곡되지 않는 선에서 최대한 간결하고 명확하게 내용을 해석하고 편집할 수 있어야 합니다.

요약하면 비판적으로 생각하기, 반성적으로 생각하기, 메타 인지까지 가능한 사고력을 갖춰야만 컴퓨터 활용 기술처럼 당연시될 AI 콘텐츠 큐레이팅이 가능합니다. 비판적 사고 능력으로 무장한 AI 큐레이팅 능력이면 지적 작업을 하는 일터에서 무섭게 진화할 AI 기술을 토대로 의사 결정, 문제 해결, 과제 수행, 의사소통을 망라한 생산성이 향상되어 성과를 높여 줍니다.

그런데 한번 보세요. AI 콘텐츠 큐레이팅 능력을 구성하는 세 가지 사고 기술은 하버드식 생각하는 힘인 비판적 사고 루틴, 그대로 아닌가요?

글이나 책을 읽을 때, 유튜브나 강연을 들을 때, 우리는 핵심이 담긴 내용보다 관련된 일화에 솔깃합니다. 일상적인 대화에서도 일화가 매력적이면 누가 무슨 의도로 일화를 들먹였든 상관없이 찬사를 보냅니다. 물론 나도 예외는 아닙니다. 이런 우리에게 인지 심리학자 스티븐 핑커 하버드 교수는 이런 경고를 합니다.

"일화는 데이터가 아니다."

핑거 교수에 따르면 '정치인, 언론인, 지식인, 학자를 포함한 너무나 많은 지도자와 영향력 있는 사람조차 데이터와 사실이 아닌 일화와 이미지로 세상을 평가한다'고 지적합니다. 그러면서 (일화와 이미지에 좌우되는 것은) 믿고 싶은 대로 믿어 버리는 인지 편향에 불과하니, 사실과 감정을 더 명확하게 구분하라고 강조합니다. 스티븐 핑거 교수는 '생각하거나 소통할 때 증거에 기반한 비판적 사고로써 더 나은 결정을 내리고 소통하고 문제를 해결할 수 있다'고 강조합니다.

세상 모든 일은
생각 90% 쓰기 10%로 좌우된다

  우리는 1, 2교시에서 '하버드대학이 학생들의 논리 정연한 글쓰기 실력을 키우고 활용하도록 150년이나 공을 들여 왔는데 인공 지능이 무슨 글이든 다 써 주는 상황이 된 지금, 계속해서 학생들에게 글쓰기를 계속 가르칠까?' 하는 질문에 대한 답을 찾아봤습니다. 그 결과 하버드는 다른 명문 대학들과 마찬가지로 개교 이래 400년 동안 가르침의 방향이자 대학의 존재 이유를 '사고력 향상'에 두었음을 알았습니다. 하버드가 150년이나 지속해 온 글쓰기 수업은 비판적 사고력 향상을 위한 수단이자 도구였음을 확인했습니다.

  비판적 사고력은 코로나19 팬데믹으로 디지털 대전환이 일어나면서 새롭게 지구촌을 감염시킨 인포데믹(WHO에서 제시한 용어. 정보가 너무 많아 사람들이 필요할 때 신뢰할 수 있는 출처와 신뢰할 수 있는 지침을 찾기 어렵게 만드는 것)으로 그 중요성이 폭발적으로 증가했다는 것도 확인했습니다. 이제는 누구도 비판적 사고력이라는 무기 없이 사회생활을 할 수 없고 비판적 사고력이 어째서 그런 힘을 발휘하는지도 알아봤습니다. 그 결과로 우리는 비판적 사고 능력이 일과 일자리를 지키는 초능력이자 우리의 삶을 지탱하는 근간임을 알았습니다.

그렇다면 이제 우리, 비판적 사고력을 배우기 위해 무엇을 해야 할까요?

—

하버드와 현자들,
대한민국 대표 글쓰기 코치의 토대

글 잘 쓰기 노하우 관련 1만 5,000편의 콘텐츠를 모아 놓은, 내가 운영하는 인터넷 카페 '빵굽는타자기'에 가입하는 사람은 이런 질문을 받습니다.

'문서든 SNS든 책이든, 글쓰기에서 제일 어렵고 힘든 것이 무엇인가요?'

답들은 다양하지만, 주로 이런 내용입니다.

'간결하게 쓰기가 어렵다.'
'생각을 조리 있게 구성할 수 없다.'
'주제 선정이 힘들다.'
'표현이 부족하다.'
'단어 선택이 어렵다.'

얼핏 봐도 '쓰기'의 문제가 아닙니다. '무엇을 쓸 것인가', 쓸거리에 대한 연구 없이 쓰겠다고 할 때 생기는 생각하기 관련 문제들입니다. 《150년 하버드 글쓰기 비법》에서 나는 줄창 이 한마디를 외쳤습니다.

> "쓸거리가 있으면 쓰는 것은 문제가 되지 않는다. 쓸거리가 없으면 쓰는 것은 문제조차 되지 않는다."

글쓰기 수업에서 내가 만난 이들 대부분이 해결하고 싶어 하는 문제는 쓸거리가 없다는 것입니다. 그래서 나는 글쓰기 수업에서 글쓰기 노하우를 풀지 않습니다. 글쓰기 수업을 시작하면 먼저 왜 글을 잘 쓰고 싶은지, 글을 잘 쓰면 무엇을 할 것인지 묻습니다. 무슨 내용으로 쓰고 싶은지, 그 내용을 누구에게 읽히고 싶은지 짚습니다. 이렇게 의도를 분명히 하고 의도대로 방향성을 잡은 다음 그에 맞춰 쓸거리를 개발하고 그런 후에나 글쓰기 단계로 들어갑니다.

그렇습니다. 나의 이런 방식은 글쓰기 수업이 아니라 생각하기 수업입니다. 나는 글쓰기의 90%는 생각하며 쓰기는 나머지 10%로 해결된다고 철석같이 믿습니다. 내용을 구상하고 짜임새 있게 구성하는 사고의 단계 없이는 어떤 비결, 비법을 동원하더라도 글을 잘 쓸 수 없다고 믿기 때문입니다.

물론 나의 이런 신념은 나만의 것이 아니라 글 잘 쓰기 관련 전문가, 학자들의 신념과도 일치합니다. 글을 잘 쓰기 위해 먼저 거쳐야하는 생각하기의 단계는 전략적인 사고 과정, 즉 비판적 사고 작업을 말합니다. 글을 잘 쓰려면 비판적 사고력이 기본이 돼야 하기 때문에 나는 글쓰기 수업에서 비판적 사고력을 이해하고 키우고 발휘하도록 일련의 연습 프로그램을 가동합니다.

4, 5교시에서 알려드릴 '3찰 포맷 사고법'은 비판적 사고에서 창의적 사고까지, 의도에 맞게 의미 있는 생각을 만들게 돕습니다. 하버드라는 브랜드가 다각도로 인증한 3찰 포맷 사고법이 당신의 뇌를 비판적 사고 뇌로 포맷합니다.

4교시는 당신의 두뇌에 비판적 사고 루틴을 장착하는 비법과 노하우, 연습 방법을 알려드립니다. 이 방법들은 하버드교육대학원이 초중등 학생들에게 비판적 사고력을 키워 주기 위해 개발하고 보급한 방법을 토대로 내가 개발하고 임상하고 검증한 비판적 사고 향상 비법, 3찰 포맷 사고법입니다.

이후 5교시에서는 하버드경영대학원이 인증한 비판적 사고의 핵심 근육인 성찰 근육을 키우는 방법을 소개합니다. 성찰 근육을 만들고 키우는 방법 역시 3찰 포맷 사고법을 토대로 합니다.

4교시

뛰어난
생각은
어떻게
탄생하는가?

우리는, 자료는 늘 중립적이고, 투명하고, 본질적으로 사실이라는 무모한 상상을 펼친다. 자료란 주장을 뒷받침하기 위해 선별된 재료다. 우리가 탐구하는 의미에서 보면 자료는 늘 연출된 것이다.

-리사 기텔만(뉴욕대 교수)·버지니아 잭슨(캘리포니아 어바인대학 교수)

진짜 중요한 건
눈에 보이지 않는다

피터 틸은 벤처 투자가로 실리콘 밸리의 상징 같은 존재입니다. 페이팔, 링크드인, 에어비앤비 등 그가 투자하여 성공한 수많은 기업이 있습니다. 이처럼 전적이 화려하다 보니 그가 투자한다는 사실만으로 창업 성공을 점치기도 합니다. 그는 창업가를 인터뷰할 때 이런 질문을 합니다.

"거의 모든 사람이 동의하지 않지만 당신이 진심이라고 믿는 것은 무엇인가?"

답은 어떤 것이어도 좋습니다. 하려는 사업이나 창업가의 커리어에 관련되지 않아도 상관없습니다. 그가 이 질문을 하는 이유는 답 자체가 아니라 비판적 사고를 할 줄 아는지를 보기 위해서입니다. 그는 이 질문이 보편적인 관습과 통념에 도전하지 않는 사람들을 식별할 수 있는 좋은 방법이라고 믿습니다. 피터 틸은 이 질문에 답하는 것으로 창의적이고 혁신적인 사람들을 골라낼 수 있었다고 자랑합니다.

"만약 누군가가 통찰력 있는 반직관적인 대답을 생각해 낼 수 있다면, 그것은 그들이 창의적인 생각을 하고 있다는 신호입니다."

비판적으로 사고하는 사람은 의도에 맞게 의미 있는 결과를 내기 위해서 의식적으로 생각합니다. 비판적으로 생각하고 반성적으로 생각하며 이런 과정에 놓인 자기 자신도 모니터링하고 필터링합니다. 비판적으로 사고하는 사고 능력자들은 기존의 권위와 위엄을 의심할 줄 압니다. 당연하다 여긴 것을 다르게 살펴보기도 합니다. 같은 것을 봐도 그의 눈에는 다른 점이 보입니다. 그러니 혁신으로 무장한 창의적 사업가는 비판적 사고 능력자입니다. 결과적으로 비판적 사고 능력자들은 애플의 모토("Think Different")대로 다르게 생각합니다.

생각하지 않는 인간들
사이에서 생각하라

"인간은 구두쇠다."

이렇게 말한 이는 프린스턴대학의 심리학자 수전 피스크입니다. 그에 따르면 우리 인간은 인지적 구두쇠(cognitive misers)로 생각하기를 죽기만큼 싫어합니다. 가급적 빠르고 편하게 후다닥 생각하고 맙니다. 이렇게 생각하기를 꺼리는 것은 사고 과정이 상당한 에너지를 요구하기 때문이라죠. '생각하기 싫어 병'은 갈수록 증상이 심해집니다. 인터넷, 검색 엔진, 소셜 미디어, 생성형 AI까지 내 머리로 일일이 생각하지 않아도 대신 생각해 줄 기술들이 차고 넘치거든요. 이런 기술들은 앞으로도 쏟아질 테고요. 심리학자 대니얼 카너먼은 이런 말도 합니다.

"인간에게 생각이란 고양이에게 수영이 주는 의미와 같다. 할 수는 있지만, 굳이 하고 싶지는 않은 것이다."

그래요, 우리는 웬만하면 생각하지 않습니다. 생각하기 싫습니다. 웬만하면 앞서 한 대로 하고 어지간하면 앞의 선택을 반복합니다. 그러니 생각할 필요를 느끼지 못합니다. 비판적으로 사고하기? 그렇게까지 할 필요가 있나 싶습니다. 게다가 '생각하기'라는 정신 작용은 우연하게, 무의식적으로, 비계획적으로 머릿속에서 일어납니다. 그러니 생각하지 않아도 겉으로는 흠집이나 결함으로 인식되지 않습니다. 하버드 프로젝트 제로 팀은 바로 이 점에 주목합니다.

"(아이들에게) 생각하는 방법은 가르칠 수 없는 걸까? 주어진 지식을 따라 읽고, 받아 적고, 외워 보다가 자연스럽게 생각도 하게 되기를 기다려야 하는 걸까? 아니면 아이의 옆에 앉아 '생각 좀 하면서 해!' 하며 머리를 쥐어박아야 하는 일일까?"

그래서
네 생각이 뭐야?

글쓰기 수업, 책 쓰기 수업을 하다 보면 전혀 뜻밖의 사람을 만납니다. 유능함을 엿볼 수 있는 프로필에, 조리 있게 말하고 이런저런 이슈에 대해 자신의 의견도 잘 내는데, 막상 그가 쓴 글을 보면 그 속에 그만의 생각이 없습니다. 그의 글을 다시 살펴 읽으면 바깥에서 입수한 정보나 지식, 사례를 기억했다가 필요할 때 끄집어내 활용하기를 잘하는 타입입니다. '누가 이런 말을 했고, 누가 저런 생각을 하더라'고 쓰인 그의 글을 보면 지적으로 보이고 멋있어 보이기도 합니다. 문제는 그가 이런 능력을 자신의 사고를 담아내고 설득하기 위해 활용하는 것이 아니라 단지 다른 사람의 생각, 다른 사람의 글을 짜깁기하거나 흉내 내는 데 그친다는 것입니다. 이런 식으로 엮어 낸 글에는 그가 무슨 생각을 하는지, 어떤 해결책을 제안하는지와 같은 그만의 생각, 그가 사고한 흔적이 보이지 않거든요.

아는 것을 드러내기는 생각하는 게 아닙니다. 남이 생각한 것을 따라 하며 흉내 내기는 생각하는 게 아닙니다. 남의 생각을 엮고 얽어 짜깁기하기는 생각하는 게 아닙니다.

생각하기란 아는 것에서 출발하여 내 생각을 만들어 내 언어로 표현하고 전달하는 작업입니다.

생각하기란 남이 생각한 것을 참고하여 그와는 다른 나만의 생각으로 발전시켜 내 언어로 표현하고 전달하는 작업입니다.

생각하기란 수집한 정보를 살피며 그 속에서 발견한 통찰로 전에 없던 신박한 생각을 만들어 내 언어로 표현하고 전달하는 작업입니다.

아무리 그럴듯한 지식과 정보를 꿰었더라도 자기 생각이 없으면 짜깁기이며 흉내, 모방이고 출처 없이 남의 생각을 가져다 사용한 표절에 불과합니다.

또 다른 편에 이런 사람들이 있습니다. 다른 사람의 말과 글을 옮기는 데 선수입니다. 다른 사람의 생각을 요약 정리하여 전하는 게 일인 사람들이죠. 그래 놓고 '글 썼네' 하는 부류인데 생각한 적 없으니 글 쓴 적 없는, 한 일이라곤 흉내, 모방, 표절뿐이죠. 자신의 의견이라곤 한 줄도 곁들이지 않는 사람도 지천입니다. '이런 사람이 이런 말을 했다'는 내용뿐입니다.

나는 남의 생각을 가져다 쓰는 이런 방식, 그래 놓고 '생각했다', '글 썼다' 우기는 이런 행태를 '가짜 생각'이라 부릅니다. 가짜 생각은 세 종류입니다.

1. 읽고 듣고 본 것을 나열하기.
2. 남의 생각, 남의 글을 그대로 베끼기.
3. 좋다는 것을 긁어모아 붙이는 짜깁기.

가짜 생각이 만들어지는 이유는 어디서 읽고 듣고 보고 한 것을 늘어놓는 것이, 남의 생각과 남의 글을 그대로 베끼는 것이, 좋다는 것을 긁어모아 붙이는 짜깁기하는 것이 생각하기인 줄 알아서입니다. 내 머리로 생각한 것이 아니니 남의 생각을 훔치는 것인 줄 모르기 때문입니다. 비판적으로 생각할 줄 모른다는 증거입니다. 그러니 그가 하는 말이나 글은 다른 사람이 이미 한 말과 글이고 그러니 당연히 진부하고 당연히 평범합니다. 그럼 당연히 상대에게 전해지지도 통하지도 않습니다.

가짜 생각이 더욱 위험한 것은 내가 무슨 생각을 하는지조차 알 수 없으니 내 생각과 다른 사람의 생각이 어떻게 같고 다른지를 알 수 없는 데 있습니다. 다른 사람의 생각을 이해하고 분석하여 내 생각에 활용하기가 불가능합니다. 비판적 사고가 불가능합니다.

가짜 생각으로는 할 수 있는 게 없습니다. 남의 생각, 가짜 생각으로 내 문제를 해결할 수 없고, 내 것이 아닌 남의 생각을 기반으로 과제를 수행하기도 어렵고, 가짜인 남의 생각으로는 의사 결정과 의사소통이 제대로 이뤄질 리 없습니다. 하다 못해 공감을 얻기도 불가능합니다. 남의 것을 퍼 날라 얽고 엮은 가짜 생각으로 글을 쓰면 '그래서 네 생각이 뭐야?'라는 민망한 피드백만 듣게 됩니다. 가짜 생각으로 만들어 낸 남의 생각뿐인 글은 일을 망치고, 일을 망치면 능력을 망치고, 망친 능력은 평판을 망치고, 평판을 망치면 경력을 망치고, 경력을 망치면 먹고사는 일도 큰 지장을 받습니다.

생성형 AI로 인해 누구라도 창의적 활동을 할 수 있습니다. AI의 도움으로 더 빨리 더 편하게 콘텐츠를 만들어 냅니다. 이렇게 되면 콘텐츠의 품질이 주목받을 수밖에 없습니다. 차별되는 경쟁력을 갖춘 콘텐츠 만들기는 남이 하지 않는 생각을 하는 것부터입니다. 내 머리로 내 생각을 만드는 '진짜 생각'이 가능해야 남다른 생각이 가능합니다.

—

가짜로 생각하는 사람에서
진짜로 생각하는 사람으로

나는 글쓰기, 책 쓰기 수업을 처음 열 때만 해도 각자 마련한 쓸거리를 문장으로 담아내고 한 편의 글이나 한 권의 책을 완성하기까지의 과정만 도우면 되는 줄 알았습니다. 하지만 거의 대부분의 사람들이 쓸거리조차 없다는 것을 알아차리기까지 그리 오래 걸리지 않았습니다. 쓸거리를 생각하는 사고력 자체가 없다는 점을 알아차린 것도 오래지 않았습니다. 쓸거리를 생각할 능력이 없으니 쓰는 것은 문제조차 되지 않은 상황임을 금세 알아차렸습니다.

이런 알아차림 이후 나는 글쓰기 수업, 책 쓰기 수업이라는 간판을 내걸고 실제로는 '생각 만들기 수업'을 합니다. 쓸거리 없이는 글이든 책이든 쓰기를 고민할 필요조차 없으니까요. 쓸거리, '무엇을 쓸까'는 의미 있는 사고의 결과물이니 이 과정이 선행되지 않으면 글쓰기가 문제조차 되지 않으니까요.

글로, 책으로 표현하려는 나만의 생각을 만들고, 생각을 가꾸고, 그 생각을 자유자재로 표현할 수 있도록 돕는 것이 '생각 만들기 수업'입니다. 이 수업에서 나는 '3찰 포맷 사고법'이라는 비법을 전수합니다. 이 비법을 숙달하면 의도한 대로 생각을 만드는 것에 능숙해집니다. 피아노를 능수능란하게 다루지 못하면 멋진 연주를 할 수 없듯, 의도한 대로 의미 있는 생각을 자유자재로 만들 수 있어야만 다음 단계인 설득력을 갖춘 남다른 글쓰기가 가능합니다. 3찰 포맷 사고법은 비판적 사고의 물꼬를 터 주는 비법이자 나만의 생각을 만드는 도구입니다.

글쓰기, 책 쓰기 수업을 열면, 나는 '당신이 지금까지 해 온 글쓰기는 글쓰기가 아니었다'고 선언합니다. 짜깁기, 흉내, 모방, 표절일 뿐인 가짜 글쓰기를 멈추지 않는 한 진짜 글쓰기를 배울 수 없다고 단호하게 말합니다. 그런 다음 내 글을 읽는 사람이 내가 의도한 방향으로 움직이게 만드는 진짜 글쓰기를 하도록 돕습니다. 이런 진짜 글쓰기는 비판적으로 생각하고, 반성적으로 생각하고, 생각하는 자신을 살펴 생각하는 비판적으로 사고하기를 통해서만 가능합니다. 3찰 포맷 사고법으로 진짜 글쓰기를 하도록 돕습니다. 3찰 포맷 사고법으로 가짜 생각 뇌를 진짜 생각 뇌로 바꿉니다.

하버드생은
세 번 생각한다

하버드에서 만든 사고법, 비판적 사고 루틴을 토대로 만든 3찰 포 맷 사고법은 비판적 사고력을 키우는 비법이자 연습법입니다. 3찰 포맷 사고법을 연습하면 의도에 맞게 의미 있는 생각의 결과물을 만 들어 내는 의식적인 사고 과정을 습관 들일 수 있습니다. 3찰 포맷 사고법을 연습하면 어떤 문제 상황을 해결하는 아이디어 만들기에 그만입니다. 한마디로 3찰 포맷 사고법을 연습하면 생각이 필요한 순간 저절로 내 머리로 생각하게 됩니다.

'문제 상황 → 3찰 포맷 사고법 → 해결책'

3찰 포맷 사고법은 비판적으로 사고하는 과정입니다. 비판적 사고는 문제(issue)를 해결하기 위해 정보를 참고하여 답(idea)을 만들어내는 과정입니다. 이런 작업에는 문제를 파악하고 문제 해결에 필요한 자료를 수집하고 그것들을 분석·추론·연결하고 이를 종합하여 해결책을 만들고 점검하는 비판적 사고 작업이 필요한데요. 3찰 포맷 사고법은 이런 비판적 사고의 단계를 '관찰하기, 성찰하기, 통찰하기'라는 루틴으로 만들었습니다.

사고 루틴은 특정 유형의 사고가 가능하도록 반복적으로 사용 가능한 구조화된 과정을 말합니다. 사고 루틴은 나만의 사고를 섬세하게 정교하게 또 더 한층 높은 수준으로 끌어올리는 비계 역할을 합니다. 3찰 포맷 사고법도 사고 루틴입니다. '주의 깊게 살피는 관찰 단계, 사려 깊게 생각하는 성찰 단계, 앞 단계를 통해 새로운 발견을 끌어내는 통찰 단계'가 하나의 루틴으로 이뤄집니다.

—

하버드 사고 루틴과
3찰 포맷 사고법

3찰 포맷 사고법은 사고 가시화를 기본으로 합니다. 전 과정에 걸쳐 '쓰면서 생각하기'가 기본값입니다. 사고 과정을 눈으로 확인하고 검토함으로써 생각을 더욱 발전시킬 수 있게 합니다.

관찰

: 주의 깊게 살피기

↓

성찰

: 사려 깊게 생각하기

↓

통찰

: 새로운 발견하기

3찰 포맷 사고법은 비판적인 사고를 촉진합니다. 하버드 프로젝트 제로에서 제시하는 비판적 사고 루틴 '보기, 생각하기, 궁금해하기(See, Think, Wonder)'처럼 대상을 면밀히 관찰하고 분석하여 사고 과정에 반영하고 이를 토대로 섬세하고 정교하게 사고하도록 돕습니다. 3찰 포맷 사고법은 비판적 사고 루틴을 구성하는 세 가지 생각 기술 '비판적으로 생각하기, 반성적으로 생각하기, 생각하는 자기 자신을 생각하기'를 자연스럽게 구사하도록 반영한 사고 도구입니다.

1. 관찰 단계: 대상이나 문제를 자세히 들여다보게 합니다.

2. 성찰 단계: 관찰한 내용을 분석하고 추론하며 연결하는 식으로 깊게 생각하게 합니다.

3. 통찰 단계: 앞 단계를 거치는 동안 새로운 발견이나 깨달음을

포착하여 나만의 새로운 생각을 만들어 냅니다.

3찰 포맷 사고법 과정을 반복하면 '관찰, 성찰, 통찰'이라는 3단계 포맷에 맞춰 생각하기를 반복하는 것만으로 비판적 사고 습관이 저절로 만들어집니다. 3찰 포맷 사고법으로 내 머리로 스스로 생각하기 작업이 숙달되면 더 깊게 더 다르게 사고하는 단계로 나아갈 수 있습니다.

3찰 포맷 사고법 과정을 반복하다 보면 자신의 사고를 성찰하고 발전시킬 수 있는 성찰 능력과 사고하는 자신을 살피고 알아차리고 조정하는 메타 인지 능력도 길러집니다. 이쯤 되면 내 스스로 비판적으로 사고할 수 있게 되고 또한 남의 생각을 비판적으로 파악하고 판단하는 능력도 갖게 됩니다.

3찰 포맷 사고법은 인간 지능을 반영합니다. 3찰 포맷 사고법 첫 단계는 관찰하기입니다. 이 첫 단계에서 사실이나 체험에 관련된 생각이나 느낌, 행동을 떠올리게 하고 그것을 주의 깊게 살피게 합니다. 이 단계를 거치면서 스치듯 대충 보고 말았더라면 결코 발견하지 못했을 단서들을 만나게 됩니다. 이어 성찰 단계에서는 더욱 주의를 집중하여 발견한 단서와 단서를 둘러싼 경험을 살핍니다. 그러면서 단서에 대해 더욱 깊이 이해하는 단계로 발전하는데요. 이런 과정에서 오르락내리락 하는 생각과 느낌을 포착하고 이전의 기억들을 떠올리고 지식까지 동원하여 연결하기도 합니다. 이런 과정은 필히 통찰로 연결되죠. 곧 인공 지능은 절대 따라 하지 못하는 사고가 가능해지고, 인공 지능이 복제할 수 없는 방식으로 생각하는 능력을 갖추게 됩니다.

3찰 포맷 사고법은 말 그대로 나만의 생각을 만들어 가는 방법이자 과정이며 도구입니다. 지극히 간단한 방법이지만 비판적으로 생각하고 사고 과정을 살피고 조정하면서 통찰을 끌어내는 비판적 사고 루틴이 우리 뇌에 장착하게 돕습니다.

문제는
생각 도둑질이야

내가 온라인·오프라인에서 진행하는 글쓰기 수업의 정식 명칭은 '하버드식 글쓰기 수업'입니다. '하버드식'이라 명명한 것은 하버드대 학생들이 4년 내내 배우는 논리 정연한 글쓰기를 단 4시간이면 배우도록 돕기 때문입니다. 이 수업에서는 논리적 글쓰기의 보편적인 포맷인 'OREO 공식'을 사용하여 쉽고 빠르게 의도한 글을 쓰게 돕습니다. OREO 공식은 누구나 언제나 사용하기 편한 논리적 글쓰기 비법으로, 쓸거리가 분명한 경우라야 제대로 작동합니다.

OREO 공식은 '의견 주장하기(Opinion), 이유 대기(Reason), 사례 들기(Example), 의견 강조하기(Opinion)' 4단계로 내용을 구성하는 것인데, 첫 단계 의견 주장하기(Opinion)가 관건입니다. 첫 단계에서 글을 통해 주장하려는 바, 의견을 명확하게 제시하지 못하면 그다음 단계는 나아갈 수 없고, OREO 공식으로 글을 완성했다 하더라도 논리성을 확보할 수 없습니다. 공식을 어거지로 활용한 결과만 만들어집니다.

—

쓸거리만 있으면 되는데
쓸거리조차 문제?

OREO 공식에 솔깃하여 논리적 글쓰기를 시도하는 사람들이 가장 많이 좌절하는 단계가 바로 이 첫 단계입니다. 그나마 수월하게 첫 단계 의견 주장하기(Opinion)를 거쳐 OREO 공식을 완성하는 사람들도 들여다보면 남이 한 주장, 남의 의견 즉 남의 생각을 자신의 생각인 양 가져다 놓는 경우가 허다합니다. 내가 글로 써서 전하려는 주장이, 내가 글로 써서 설득하려는 의견이 다른 사람의 주장이나 의견과 어떻게 같고 다른가를 미리 살피지 않은 탓입니다. 즉 비판적으로 생각하기를 거치지 않았기 때문입니다.

만일 비판적으로 생각하기가 가능하면 '내가 쓰려는 주장이나 의견이 다른 사람들에 의해 이미 널리 알려진 것이다'라고 결론 낼 수 있습니다. 그럼 그들의 주장에 비해 내 주장은 어떻게 같고 다른지, 그들의 의견과 달리 내 의견은 어떤 의미를 갖는지와 같은 '반성적으로 생각하기'로 이어질 것입니다. 이런 과정을 통해 내가 글로 쓰려는 주제에 대해 내가 얼마나 아는지 모르는지, 깊이 아는지 아닌지, 또 내가 왜 그렇게 다르게 혹은 피상적으로만 알았는지와 같은 셀프 점검을 하는 메타 인지도 가능합니다.

결론적으로 생각거리를 비판적으로 생각하여 선별하고 생각 과정을 모니터링하며 생각하는 자신에 대한 점검까지 동반하는 비판적 사고 루틴이 작동하지 않으면 독자를 유혹하는 주장이나 의견을 낼 수 없고, 그 내용으로 일리 있고 조리 있게 논리적으로 쓸 수 없습니다.

3찰 포맷 사고법은 이럴 때 필요한 해결책입니다. 글을 통해 주장하려는 바, 명확한 의견을 만들어야 할 때 사용하면 되는 쉽고 간단한 생각 만들기 비법입니다. 관찰하면 문제나 상황을 의식적으로 파악하고 이해할 수 있습니다. 성찰하면 의도에 맞게 생각을 만들어갈 수 있습니다. 이런 과정 끝에 통찰에 이르면 의미 있는 생각의 결과가 만들어집니다.

의도에 맞게: 관찰

의식적으로 생각하여: 성찰

의미 있는 결과를 만드는: 통찰

하버드식 글쓰기 수업처럼 나는 3찰 포맷 사고법 노하우를 전수하는 수업을 '하버드식 사고력 수업'이라 합니다. 하버드식 글쓰기 수업이 하버드대 학생들이 배우는 논리 정연한 글쓰기를 배우는 것처럼 하버드식 사고력 수업도 하버드에서 개발한 비판적 사고법인 '보기, 생각하기, 궁금해하기' 사고 루틴을 토대로 하기 때문입니다.

관찰

: 주의 깊게 살피기(이슈 상황, 대상)

↓

성찰

: 사려 깊게 생각하기(분석, 추론, 연결)

↓

통찰

: 새로운 발견하기(사고(해결책) 생성)

생각은
프로그램이다

나는 2004년부터 3찰 포맷 사고법으로 생각 만들기를 연습했습니다. 이렇게 만든 생각을 매일 블로그에 포스팅하며 비판적 사고 루틴을 습관 들였죠. 2007년, 중학교 1학년이던 아들에게 3찰 포맷 사고법을 권하여 6년 동안 지켜봤습니다. 아들도 이 방법으로 생각을 만들며 블로그 포스팅을 했고, 덕분에 단련한 비판적 사고 능력으로 중고등 학업은 물론 대학 진학, 취업까지 결정적인 도움을 받았습니다. 내가 글쓰기, 책 쓰기 수업에 3찰 포맷 사고법을 도입하여 글쓰기에 요구되는 비판적 사고력을 키우게 도와야겠다고 마음먹은 것은 이렇게 효과를 몸소 검증했기 때문입니다.

'보기, 생각하기, 궁금해하기' 사고 루틴은 하버드의 프로젝트 제로가 개발한 사고 루틴 중의 하나입니다. 학생들의 비판적 사고를 장려하기가 목적입니다. 이 사고 루틴은 하버드 측이 원하는 곳 어디든 보급하여 널리 활용되는 보편적인 비판적 사고 능력 개발 솔루션이라 더욱 믿을 만합니다. 3찰 포맷 사고법 프레임은 널리 사용되는 일반적인 비판적 사고 프레임워크에서 추출한 것이자 '보기, 생각하기, 궁금해하기' 사고 루틴을 토대로 개발한 것입니다.

- 인지 패턴: 인풋, 프로세싱, 아웃풋.
- 하버드 사고 루틴: 보기, 생각하기, 궁금해하기(See, Think, Wonder).
- 3찰 포맷 사고법: 관찰, 성찰, 통찰.
- 문제 해결 루틴: 문제 파악, 해결책 연구, 해결책 생성.

—
3단계만 거치면
의도한 대로, 의식적으로, 의미 있게

3찰 포맷 사고법은 의도한 대로 의식적으로 사고하며 의미 있는 결과를 얻는 비판적 사고의 전형이면서 우리 머리가 작동하는 인풋, 아웃풋 패턴 그 자체이며 각광받는 문제 해결 사고 패턴입니다. 요컨대 3찰 포맷 사고법은 인류가 깊게 생각하기 위해 개발한 모든 사고방식을 반영한 것입니다. 의미 있는 결과를 만들어 내야 하는 사고의 순간에 '관찰, 성찰, 통찰' 루틴대로 쓰면서 생각을 만듭니다. 글로 드러낸 생각 내용과 과정은 물론 생각 작업에 임하는 자신의 머릿속까지 점검함으로써 마침내 의도한 대로 의미 있는 결과를 얻게 되는 비판적 사고 습관을 장착합니다.

3찰 포맷 사고법은 각 단계별로 쓰면서 생각과 느낌을 정리하고 쓴 것을 소리 내 읽고 그다음 단계에 들어갑니다.

1. 관찰 단계

이슈 상황이나 대상을 주의 깊게 살핍니다. 즉각적인 분석이나 판단을 하지 않고 있는 그대로 보이는 대로 사실 위주로 주의를 기울입니다. 이렇게 함으로써 마음속에 일어나는 또 다른 생각, 느낌, 아이디어를 포착하여 다음 단계에 반영하게 됩니다. 그리고 사고 과정에 놓인 자신을 살필 수 있습니다. 지금 무엇을 하는지, 왜 하는지를 이해하는지 아닌지, 내용을 아는지 모르는지, 사고 작업에 적극적인지 아닌지를 포함하여 자신도 살피게 됩니다. 이슈를 주의 깊게 관찰하면 더 깊은 사고, 즉 성찰이 가능하고 마침내 통찰을 끌어낼 수 있습니다.

2. 성찰 단계

관찰 단계를 거치며 일어나는 생각, 인식, 느낌을 포착하여 분석하고 추론하며, 기존에 알고 있던 지식들과 연결하기도 하면서 생각을 더욱 깊게 파고듭니다.

3. 통찰 단계

앞 단계의 주의 깊은 관찰, 성찰을 종합하는 단계로 새로운 이해와 깨달음, 발견이 일어납니다. 이 단계에서 3찰 포맷 사고법을 하기 전에는 모르고 있던 혹은 존재하지 않던 새로운 사고나 해결책을 접할 수 있습니다.

3찰 포맷 사고법 과정은 단계별로 생각의 마중물이 돼 줄 프롬프트 문장을 활용하면 더욱 쉽습니다. 또한 3찰 포맷 사고법 워크시트를 활용하면 비판적으로 사고하기가 더욱 수월합니다. 하버드대학의 '보기, 생각하기, 궁금해하기' 사고 루틴이 그러하듯 3찰 포맷 사고법은 나이와 배경에 관계없이 누구나 활용할 수 있습니다. '보기, 생각하기, 궁금해하기' 사고 루틴이 그러하듯 3찰 포맷 사고법은 관찰력과 분석력을 높여 비판적 사고 능력을 기르려는 직장인, 학생, 교육자를 비롯한 우리 모두에게 매우 유용합니다.

특히 3찰 포맷 사고법은 생각한다면서 고민만 하고 지적 생산성이 떨어져 성과 면에서 취약하고 머리는 좋은데 자기 머리로 생각할 줄 모르는, 누구보다 열심히 일하지만 생산성은 별로인, 기껏 일 잘하고도 보고서 쓰기에 취약하여 저성과자로 분류되는, SNS에 콘텐츠

한 편 올리는 데 한숨부터 나오는 이들, '사고 금쪽이'들에게 매우 특효입니다.

생각이 필요할 때마다 3찰 포맷 사고법을 도우미로 활용하세요. 일상적으로 반복하면 어느새 의도에 맞게 의미 있는 결과를 만드는 의식적으로 사고하는 습관이 만들어집니다. 결국 우리의 뇌가 비판적 사고 뇌로 바뀌게 되죠. 그럼 어렵게만 여겨지던 과제 수행, 문제 해결, 의사 결정, 의사소통 같은 사고 작업이 만만해집니다. 일과 일상에서 끊임없이 요구되는 생각하는 힘이 저도 모르게 발휘됩니다. 그럼 우리도 어느새 사고 능력자가 됩니다.

비판적 사고 뇌를 만드는
3찰 포맷 사고법 실전 연습

에스프레소 커피 머신은 스위치를 켜고 원하는 커피 모드를 누르면 10초 만에 갈색 크레마가 풍성한 커피를 만들어 줍니다. 생각을 해야 할 때 3찰 포맷 사고법을 불러내면 의도한 대로 의미 있는 결과를 만드는 의식적인 사고 작업이 작동합니다. 에스프레소 커피 머신 사용법처럼 간단하여 쉽고 편한 3찰 포맷 사고법의 사용법을 알아볼까요?

맨 먼저 어떤 생각을 해야 하는지 의도를 확인합니다. 비판적 사고를 해야 하는 목적, 방향성을 확인합니다. 그런 다음 관찰, 성찰, 통찰 단계별로 생각을 만들어 갑니다. 이제 설명할 3찰 포맷 사고법 템플릿을 활용하면 의미 있는 생각 만들기가 더욱 수월합니다.

미국 일리노이대학에서 영어와 교육학을 가르치는 제럴드 그라프 교수는 미국 전역과 전 세계의 대학들이 교재로 사용하는 글쓰기 책의 저자입니다. 《They Say / I Say》, 이 책은 100만 부 이상 팔린 초베스트셀러죠. 그라프 교수는 비판적 사고 같은 깊은 사고 과정은 보조 수단이 반드시 필요하다고 주장합니다.

명확하고 조직적인 방식으로 표현하는 보조 수단인 글쓰기 템플릿을 활용하여 비판적 사고 능력을 키우는 데 도움받으라 조언합니다. 그 역시 학술적 글쓰기에 사용하기에 최적화된 템플릿을 만들어 보급합니다. 전략 기업 컨설턴트들이 비판적이면서 전략적인 사고를 할 때 생각 보조 수단인 템플릿을 사용하기로 유명합니다. 하버드 프로젝트 제로 연구진이 비판적 사고 능력을 키우고 발휘하도록 돕는 사고 루틴 또한 다양한 템플릿으로 제작되어 학생들이 활용합니다.

나는 논리적 글쓰기를 위한 보조 수단인 OREO 공식 템플릿을 활용하여 논리적으로 생각하고 표현하기 연습법을 오랫동안 지도하고 보급했습니다. 수많은 사람이 OREO 공식 템플릿을 사용하여 '논리적으로 생각하고 논리적으로 글쓰기'라는 취약한 문제를 해결하도록 도왔습니다. 이 과정을 통해 생각의 틀로써 템플릿의 효과와 위력을 톡톡히 경험했습니다.

템플릿은 생각의 틀(frame)입니다. 미리 만들어진 구조에 따라 자료와 생각을 정리하는 일종의 레시피입니다. 템플릿을 사용하여 생각하면 주어진 시간과 에너지를 의도에 맞게 의식적으로 사용할 수 있고, 사고 과정을 일관되게 유지할 수 있습니다.

템플릿은 생각의 양식(format)입니다. 미리 설계된 양식에 따라 생각의 재료를 구성하면 의미 있는 결과물을 만들어 냅니다. 양식이 제안하는 순서대로 지령대로 하기만 하면 엇나가거나 빗나갈 이유가 없습니다. 템플릿은 생각하기의 기본 틀을 제공하므로 템플릿을 사용한 것만으로 쉽고 빠르게 적절하게 생각을 만들 수 있습니다.

—
생각의 용광로,
3찰 포맷 사고법 템플릿

여기 비판적 사고력을 키우고 발휘하도록 돕는 템플릿 3찰 포맷 사고법을 소개합니다. 3찰 포맷 사고법 템플릿은 말 그대로 생각 만들기를 위한 틀입니다. 생각이 필요할 때, 생각이 막혀 머릿속이 하얄 때, 생각이 중구난방으로 떠올라 머릿속에 모래바람이 일 때, 생각이 토막토막 나고 흩어져 난감할 때, 고약한 문제를 해결하는 아이디어를 내야 할 때, 이럴 때 3찰 포맷 사고법 템플릿은 그야말로 해결사입니다.

많은 전문가가 '논리적으로 생각하라', '창의적으로 생각하라', '융합적으로 생각하라'며 다양한 비법과 노하우를 쏟아 냅니다만, 생각하기가 어려운 사람들에게 이런 가이드는 잘 기어다니지도 못하는 데 뜀박질하여 100미터를 15초 안에 끊으라는 주문과 다르지 않습니다.

3찰 포맷 사고법 템플릿으로 생각을 만드는 방법에 익숙해지면, 비판적으로 사고하기가 습관 들여지면 그다음 단계인 논리적, 창의적, 융합적 사고에 도전하기 쉽습니다. 3찰 포맷 사고법 템플릿은 비판적 사고를 위한 보조 수단입니다. 의미 있는 결과를 만들어 내는 사고의 틀입니다. 의도에 맞게 방향을 잡아 주고, 의도에 맞는 정보 자료를 수집하고 이를 근거로 의식적으로 사고하도록 관여합니다. 또한 망설임 없이 시작하게 돕는 비판적 사고의 도화선이자 방아쇠입니다. 템플릿은 반강제로 생각하게 만들고 생각의 폭을 키우고 넓게 만듭니다. 그 결과로 생각지 못한 생각도 하게 됩니다.

3찰 포맷 사고법 템플릿은 사고를 가시화합니다. 쓰면서 생각하게 만드는 도구입니다. 끊임없이 떠올랐다 순간 사라지기를 반복하는 느낌과 생각의 단편을 알아차리고 낚아채고 잡아 두는 기능을 합니다. 또한 3찰 포맷 사고법 템플릿은 생각하기에 주의를 집중하도록 돕습니다. 의미 있는 사고의 결과를 만드는 작업은 초집중을 요합니다. 영국 철학자 줄리언 바지니는 사고의 결과로 바라는 성과를 얻어 내려면 주의 깊게 집중해야 한다고 조언합니다. 아무리 논리적인 사람도 산만함의 늪 속에선 길을 잃고 엉성한 사고에 빠져들기 때문이라면서요.

"생각한다는 것은 몸과 마음을 딴 곳에 두지 않고 주의를 기울일 대상에 온전히 놓아두는 일이고, 바라는 성과를 얻을 때까지 그곳을 벗어나지 않고 인내와 끈기를 다해 기다리는 일이다."

3찰 포맷 사고법 템플릿은 생각의 용광로입니다. 용광로라는 엔진을 돌리려면 연료를 주입해야 하는데, 관찰 단계를 통해 대상을 주의 깊게 지켜보고 살펴봄으로써 자료라는 연료 확보가 가능합니다. 관찰 단계를 통해 용광로 엔진이 기세 좋게 작동되어 활활 타오르면 비로소 확보한 자료를 분석하고 이해하고 연결하고 종합하는 용광로가 제 기능을 합니다. 성찰 단계죠. 이윽고 용광로가 작동을 멈추면 그 안에는 이전에 없던 발견, 이전에는 몰랐던 깨달음이 녹아 있기 마련이죠. 통찰 단계에서는 이를 건져 올려 작업합니다. 3찰 포맷 사고법 템플릿은 이런 기능이 복합적으로 작동하여 당신의 의도한 생각을 만들고 비판적으로 생각하는 습관을 키워 줍니다.

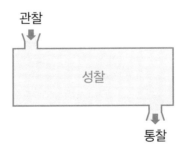

생각의 황금 비율
33%

3찰 포맷 사고법 템플릿은 '의도, 관찰, 성찰, 통찰' 사분면으로 구성됩니다. 각 분면이 서로 상호 작용합니다.

의도(1사분면): 생각 방향성 구체화하기
비판적 사고를 해야 하는 이유와 목적, 비판적 사고가 필요한 상황을 파악합니다.

관찰(2사분면): 주의 깊게 살피기
사안이나 상황, 관련 자료를 주의 깊게 살핍니다. 특정 경험, 독서,

대화, 공부, 관찰, 업무, 생활 혹은 생각하기, 꿈꾼 것에까지 저널을 쓰게 된 계기가 된 어떤 사실을 언급합니다.

성찰(3사분면): 사려 깊게 생각하기

관찰한 내용을 분석하고 추론하며 생각을 파고듭니다. 성찰의 과정에서 관찰한 내용과 기존에 알고 있던 지식이나 경험을 연결하는 작업도 일어납니다.

통찰(4사분면): 새로운 발견, 깨달음 챙기기, 사고 생성하기

관찰, 성찰하는 과정에서 일어난 생각, 느낌, 발견, 깨달음을 종합하여 생각을 완성합니다. 어떤 사실을 경험하고 그것에 대해 성찰하는 과정을 통해 발견한 의미나 가치, 그것을 통해 전하고 싶은 메시지를 씁니다.

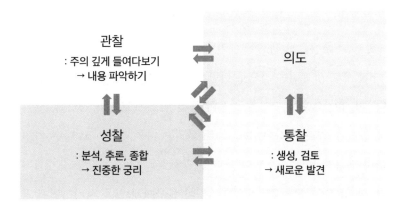

관찰, 성찰, 통찰
생각을 끌어내는 마중 문장

1. 관찰, 성찰, 통찰의 분량은 동일하게 작성합니다.

글쓰기 수업에서 3찰 포맷 사고법 연습을 할 때 보면 관찰 분면의 분량이 압도적으로 많습니다. 보거나 듣거나 경험한 사실을 정리하는 것이라 어려울 게 없으니까요. 이렇게 되면 성찰, 통찰 단계에 소홀해지기 쉽습니다. 일부러라도 관찰, 성찰, 통찰에 걸쳐 각 분량을 전체 3분의 1씩 정해 놓고 분량을 다 채워야 합니다.

2. 단계별로 쓴 내용을 소리 내 읽으며 살핍니다.

관찰에서 통찰까지 쓰면서 생각한 다음 그 내용을 소리 내 읽습니다. 그러다 보면 내용에 관해 궁금한 것, 미진한 것, 미흡하게 느껴지는 것을 파악하게 됩니다. 이를 보완합니다.

3. 마중 문장으로 생각을 끌어냅니다.

3찰 포맷 사고법은 참으로 간단하고 강력한 비판적 사고 루틴입니다. 하지만 그래서 주의를 소홀히 하면 '글쓰기'로 전락합니다. 생각을 만드는 것과 생각한 것을 글로 쓰기는 다른 과정이고 다른 차원입니다. 3찰 포맷 사고법이 보다 수월하도록 마중 문장을 소개합니다. 챗GPT로 유명해진 생성형 AI, 이 친구에게 일을 시키려면 명령어 박스에 명령어를 넣습니다. 이 명령어를 프롬프트라고 하는데요. 3찰 포맷 사고법을 할 때 프롬프트인 마중 문장을 활용하면 뇌가 명령받은 듯 선선히 작업합니다.

• 관찰할 때

관찰한 것에 대해 자세히 쓰세요. 생각을 쓰는 것이 아니라 관찰하는 대상, 관찰하는 환경에 대해 씁니다. 관찰한 것을 본 대로 들은 대로 있는 그대로 써야 합니다. 설명하거나 해석하거나 해설을 보태거나 하지 않고 사실 위주로만 쓰세요. 관찰한 내용을 언급할 때는 5W1H 도구를 사용하면 있는 그대로 세부적인 언급이 가능합니다.

관찰하기 마중 문장:
이런 걸 봤다. / 이런 이야기를 들었다. / 이런 일이 있었다. / 이런 생각을 했다. / 이런 아이디어가 떠올랐다. / 이런 책을 읽었다. / 이런 대화를 했다. / 이런 일을 경험했다.

• 성찰할 때

왜 그것을 관찰했나요? 어떤 의미가 있나요? 관찰하다 보니 어떤 생각과 느낌이 들던가요? 이런 것을 알아차리고 파악하여 씁니다. 이 단계에서는 순전히 내 생각, 내 느낌, 내 말만 챙깁니다. 그렇지 않으면 내 생각인 줄 알았던 남의 생각, 내 말인 줄 여기던 남의 말이

뒤섞입니다. 이래서는 내 생각 남의 생각 구분이 없어져 당초 의도한 내 생각 만들기는 턱도 없습니다.

성찰하기 마중 문장:
이런 것을 알았다. / 이런 생각이 들었다. / 이런 느낌이 들었다. / 이런 것을 추가로 해 봤다.

• 통찰할 때
관찰과 성찰을 제대로 했다면 뭔가를 새로 발견하거나 깨닫는 바가 있을 겁니다. 그것에 대해 쓰세요. 남의 생각, 남의 말을 커닝하지 마세요. 서툴러도 좋으니, 거칠어도 괜찮으니 당신의 언어로 표현하세요.

통찰하기 마중 문장:
이 경험을 통해 나는 이것을 새로 알았다. / ~라는 것을 발견했다. / ~임을 깨달았다. / ~해야 함을 알게 됐다. / 이런 의미와 가치와 메시지를 발견했다.

관찰, 성찰, 통찰 단락을 쓸 때 가급적 33%씩 쓰세요. 이런 규칙을 정해 두지 않으면 전체 내용의 대부분이 관찰한 내용으로 덮힙니다. 성찰하기, 통찰하기보다 관찰하기가 상대적으로 수월하니까요.

관찰: 주의 깊게 살피기	의도: 생각의 방향성 구체화하기
마중 문장: 이런저런 일이 있었다. 이런 것을 봤다. 이런 이야기를 들었다. 이런 내용을 읽었다. 이런 일을 경험했다.	마중 문장: 나는 이런 일을 경험했고 이런 점이 인상적이어서 3찰 포맷으로 생각을 만들어 보려 한다.
성찰: 사려 깊게 생각하기	통찰: 새로운 발견, 깨달음, 사고
마중 문장: 이런 생각, 저런 느낌이 들었다. 이런 것을 알았다. 이런 것을 떠올렸다. 이런 것을 살폈다. 이런 느낌이 들었다.	마중 문장: 이런 것을 발견했다. 이런 것을 깨달았다.

3찰 포맷 사고법 마중 문장

다음은 글쓰기 수업에서 3찰 포맷 사고법을 한 예시입니다.

- 의도: 방향성 설정하기

글쓰기 특강에 참여하여 새로 알고 배운 것을 통찰하고 싶다.

- 관찰: 이러저러한 일이 있었다.

오늘 회사에서 마련한 글쓰기 특강에 참여했다. 강사는 글쓰기 전문가 송숙희 코치였다. 송 코치는 글쓰기는 깊은 사고의 결과물이며 이런 사고 과정은 머릿속에서 끄집어내 글로 쓰면서 해야 한다고 알려 줬다.

- 성찰: 그 사실로 인해 이런 생각, 저런 느낌을 가졌다.

특강을 듣다가 깜짝 놀랐다. 나는 지금까지 생각과 쓰기는 별개의 작업이라고 믿고 있었다. 기억을 더듬어 보니 나는 보고서를 작성할 때 머릿속에서 생각을 마쳤다는 느낌이 들어야 글쓰기에 돌입했다. 생각을 다했다고 여겼는데도 보고서 파일만 보면 아무 생각도 나지 않더라는 것을 떠올렸다.

- 통찰: 이런 것을 발견하고 배웠다.

오늘 특강에서 생각도 쓰면서 해야 한다는 사실을 깨달았다. 내가 그동안 보고서 작성에 그렇게 골머리를 앓았던 것도 쓰면서 생각하지 않고 생각한 다음 쓰려 했기 때문임을 알았다. 이제 나는 보고서 쓸 때마다 엄청난 스트레스를 겪지 않아도 된다는 생각에 마음이 홀가분해졌다.

5교시

비판적 사고력을 어떻게 단련하는가?

글쓰기는 생각하기이고 생각하기는 존재하고 살아가는 것이다. 따라서 글을 잘 쓰게 되면 생각을 잘하게 되고 생각을 잘하게 되면 지혜롭게 살게 된다. 지혜롭게 사는 사람은 보다 잘 살 확률이 높다.

-조던 피터슨(토론토대 심리학과 교수)

내 생각은
내 머리로 만든다

보고하거나 대화할 때 '그래서 네 생각이 뭔데?' 이런 질문을 자주 받는다면 3찰 포맷 사고법 공식으로 '내 생각' 만들기 연습을 해 보세요. 내 생각이 없는 이유 중 큰 것은 생각하는 과정에서 내 생각, 남의 생각이 구분되지 않고 섞이거나 주로 남의 생각을 내 생각인 양 표현하기 때문인데요. 다음 방법으로 연습하면 내 생각 만들기는 물론 남의 생각을 토대로 내 생각을 만들기 연습도 가능합니다.

다른 사람, 남의 생각에 대해 관찰하고 성찰하고 통찰합니다. 다음 과 같이 질문하고 답하며 생각을 만들어 갑니다.

1. 관찰: 그 사람의 생각은 무엇인가?

최근 지인에게 소개받은 A는 글로벌 기업 한국 지사에서 근무하는 사람이다. 그는 월급을 받기 위해 회사에 시간을 파는 만큼 자신을 위해서도 시간을 투자해야 한다고 믿었다. 그는 회사 일 하는 시간 대비 15%의 시간을 자신에게 투자해야 한다고 생각하며, 퇴근 후 이 시간 만큼 자신을 위해 사용한다고 했다. 그가 퇴근 후 자신을 위해 투자하는 시간은 근무하는 8시간의 15%인 1.2시간보다 많은 2시간이며 퇴근 후 회사 근처 카페에서 간단한 저녁을 먹으며 2시간 동안 자기 계발을 한다고 했다. 그 시간에 못다 한 검색을 하고 SNS에 포스팅하고 지인들과 소통한다고 했다. 이런 습관은 코로나19 팬데믹으로 봉쇄가 한참이던 때 시작하여 2년 가까이 된다고 했다. 그러면서 그는 나에게도 자기 계발을 위해 퇴근 후 2시간을 사용해 보라고 권했다.

2. 성찰: 그 생각에 대해 나는 어떻게 생각하는가? 왜 그렇게 생각하는가?

그는 매일 퇴근 후 2시간을 자신을 위해 투자하라고 권유했다. 나도 비슷한 방법으로 자기 계발에 도전한 적 있다. 직장 생활을 막 시작하던 무렵, 나는 퇴근 후 영어 회화를 배우거나 요가와 수영을 하기도 했다. 하지만 퇴근 시간이 일정하지 않고 퇴근하고 나면 다른 것을 시도할 엄두가 나지 않아 바로 퇴근해 버렸다. 무엇보다 퇴근 후 두어 시간 다른 일에 전념하면 그날 치 피로가 풀리지 않아 다음 날 일어날 때도 힘들고 다음 날 내내 피로에 절어 지내곤 했다. 또 야근이나 회식, 피치 못할 모임으로 인해 주 5일 중 1~2일은 계획이 어그러졌다. 그러다 우연히 어느 책에서 자기 계발을 하려면 목표가 뚜렷해야 하고, 일상적이지 않은 야심 찬 목표를 세우고 달성하려면 그에 맞게 시간을 만들어야 하고, 기왕이면 새벽을 추천한다는 내용을 읽었다. 나는 이 추천이 맘에 들었다. 책에서 권하는 대로 목표를 세우고, 목표에 맞춰 세부적인 계획을 세우고, 매일 새벽에 일어나 그날 치 계획을 해내는 식으로 자기 계발을 했다. 그러기를 2년. 나는 매일 새벽 책을 썼고 원고를 완성하여 출판사에 팔았고, 곧 책이 나온다.

3. 통찰: 관찰, 성찰을 거친 지금 그 사람의 생각에 대해 나는 어떻게 생각하는가?

A와 나는 회사 생활만큼 중요한 것이 내가 개인적으로 가꿔 가는 나의 발전이라는 생각은 같았다. 하지만 그 생각을 실행하는 과정에서는 많이 달랐다. 그는 퇴근 후 2시간 동안 자기 계발하는 데 집중했다. 나는 자기 계발의 목표를 따로 설정하여 새벽마다 2시간 동안 목표를 달성하는 데 집중했다. 지금도 그가 퇴근하여 회사 근처 카페에서 2시간을 보낸다면 그것이 자기 계발일까? 차라리 휴식이나 재충전이라 해야 하지 않을까? 자기를 계발하려 한다면 목표를 정하

고 실행하는 루틴이 필요하지 않을까? 그리고 하는 척하는 게 아니라 정말로 목표를 달성하고 싶다면 지치지 않고 방해 없는 새벽 시간에 나에게 가장 중요한 그것을 하는 게 맞다고 생각한다.

—
성찰을 부르는 관찰,
통찰을 만드는 관찰

3찰 포맷 사고법 템플릿은 사용하기 간단하지만 그런 만큼 건성건성 사용하기 쉽습니다. 3찰 포맷 사고법에 있어 생각을 만드는 3단계 '관찰, 성찰, 통찰'은 제각각 중요하지만 내 경험으로는 관찰 단계가 가장 중요합니다. 관찰을 제대로 하지 않으면 관찰 단계를 쓰면서 전에 없던 어떤 단서나 기미를 발견할 수 없습니다. 관찰 단계를 놓치면 '성찰, 통찰' 단계가 제대로 작동될 리 없죠. 그럼 아는 것 끄집어내기, 남의 생각 베껴 놓기, 영혼 없는 짜깁기 같은 못된 생각 버릇이 또 나옵니다. 템플릿의 빈칸은 메워야 하니까요.

관찰을 통해 그냥 지나칠 수 없는 기미나 단서를 발견했더라도 성찰 단계로 바로 나아가지 않을 수 있습니다. 그럴 때면 관찰 단계를 작성하고 기다리세요. 뭔지 모를 단서나 기미를 품고 있으면, 달걀처럼 때가 되면 부화합니다. 성찰 단계로 이어집니다. 성찰 단계 이후 통찰은 거저나 다름없고요. 만일 통찰 단계에서 새로운 발견이나 깨달음이 일어나지 않더라도 염려 마세요. 그냥 그대로 일시 중지,

그때까지의 내용을 품고 있으면 어느 때든 '아하…' 하는 순간을 맞이합니다.

3찰 포맷 사고법 템플릿으로 내용을 생각하고 과정을 찬찬히 살피며 그런 작업을 하는 자기 자신을 살피는 비판적 사고 루틴이 작동돼야 합니다. 3찰 포맷 사고법이 비판적 사고 루틴이 작동되도록 설계된 것이니까요.

문제는 다양하지만
해결하는 방법은 한 가지다

디자인 씽킹(Design Thinking)은 혁신적인 아이디어를 개발하는 생각 공식으로 유명합니다. 비판적이고 창의적인 사고 기술을 동원하여 복잡한 문제를 해결하는 소문난 방법론이죠. 디자인 씽킹은 사용자를 관찰하여 이해하고, 그 과정에서 해결하려는 문제를 재정의하여, 문제를 해결하는 프로토 타입을 개발하고, 이를 테스트하여 아이디어를 완성하는 일련의 과정을 말합니다. 3찰 포맷 사고법은 디자인 씽킹의 5단계 '문제 상황 공감하기, 문제 정의하기, 아이디어 내기, 시제품 만들기, 시험·검증하기'를 3단계로 단순화한 문제 해결 공식입니다. 우선 디자인 씽킹처럼 3찰 포맷 사고법도 사용자나 상황, 대상을 주의 깊게 관찰합니다. 디자인 씽킹처럼 3찰 포맷 사고법도 세심하게 관찰하지 않았다면 몰랐을 여러 가지를 발견하여 새로운 문제를 발견하거나 문제를 새롭게 정의합니다. 디자인 씽킹처럼 3찰 포맷 사고법 역시 이를 토대로 문제를 해결할 만한 다양한 생각을 만들어 냅니다. 디자인 씽킹처럼 3찰 포맷 사고법도 관찰, 성찰, 통찰 과정에 걸쳐 많은 질문을 하고 다양한 호기심을 끌어냅니다.

- 디자인 씽킹: 문제 상황 공감하기, 문제 정의하기, 아이디어 내기, 시제품 만들기, 시험·검증하기
- 3찰 포맷 사고법: 관찰, 성찰, 통찰

—
기업의 생사 문제도
먹고사는 문제도 척척

필기구 브랜드 모나미는 학령 인구가 줄어 산업군 자체가 내리막이라는 위기에 처했다고 판단합니다. 제품 개발을 총괄하는 디자인팀은 브랜드의 존폐가 걸린 이런 문제를 해결하려 합니다. 3찰 포맷으로 문제를 해결해 볼까요?

1. 관찰: 노량진 시장에서 상인이 젖은 박스에 메모하느라 애먹는다. 다양한 펜, 필기구가 쓰이는 상황을 다양하게 그리고 세심하게 관

찰합니다. 그러는 눈길에 새벽 노량진 시장에서 젖은 박스에 메모를 하기 위해 안간힘을 쓰는 상인들을 목격합니다.

2. 성찰: 메모하기 왜 힘든가?

젖은 면 위에 뭔가를 써야 하는 사람들이 또 누가 있는지 살핍니다. '어떻게 하면 물기에 잘 쓰일 수 있을까' 하는 질문을 품고 사내 전문가들과 협의합니다.

3. 통찰: 물기에도 잘 쓰이는 펜을 만들자.

물기에도 잘 쓰이는 펜을 필요로 하는 사람들을 위해 제품을 개발하기로 합니다. 모나미는 물기에 잘 쓰이는 방수펜 '마카570'을 출시합니다.

아파트 관리비 고지서를 보니 지난달보다 금액이 많습니다. 전기세 인상분이 반영됐다고 하는데요. 그렇잖아도 다른 집보다 전기 요금이 많이 나오는 터라 이 참에 전기 사용을 줄여야겠다고 생각합니다. 3찰 포맷 사고법으로 전기 요금 줄이기라는 문제를 해결해 볼까요?

1. 관찰: 전기세가 갑자기 많이 올랐다.

전기 요금이 다른 집보다 많은 이유가 어디에 있는지를 살핍니다. 가정집이라 난방, 냉방, 조명, 가전제품 사용에 걸쳐 우리 집만의 특별한 원인을 살펴봅니다.

'이 중 전기 요금이 다른 집보다 많이 나오는 원인은 어떤 것인가?'
'이전 달과 비교하여 이번 달 전기료가 더 많은가?'
'한겨울, 한여름이라는 특수 요인이 작용했는가?'

2. 성찰: 관찰 내용을 분석하고 추론하니,

이런 관찰을 통해 우리 집만의 특별한 패턴이나 원인을 살핍니다. 관찰한 내용을 분석합니다. 왜 우리 집 전기 요금이 높은 것 같나요? 대형 TV로 미드 시리즈물을 즐겨 보는 당신의 취미가 전기 요금이 증가하게 한 것은 아닌지, 외출할 때 보일러를 꺼 두는 습관 때문은 아닌지, 원격 근무를 위해 사들인 다양한 사무용 기기의 전원을 끄지 않고 그냥 두는 습관 때문은 아닌지 분석하고 추론합니다. 인터넷 검색으로 이런 습관이 전기료 인상에 얼마나 영향 미치는지도 알아봅니다.

이렇게 살피고 분석한 결과, 전기세가 많이 나온 결정적인 이유는 최근 재택근무를 허락받아 방 하나를 업무 공간으로 꾸민 데 있음을 알게 됩니다. 바로바로 업무에 임하겠다며 24시간 전원을 켜 둔 사무용 기기들, 화상 회의를 위해 설치한 조명과 스탠드가 전기료 인상의 직접적인 원인이었음을 확인합니다.

3. 통찰: 알고 보니, 출퇴근 비용을 줄인 셈.

전기 요금이 다른 집보다 많이 나오는 이유가 재택근무로 인해 전기를 월등히 많이 사용하기 때문임을 확인하고 출퇴근 관련 비용을 계산해 봅니다. 한 달 출퇴근 교통비를 계산하여 전기 요금에서 제하니 아파트 세대 평균으로 줄어듭니다. 물론 이나마도 절약할 수 있으면 절약하겠지만 출퇴근 비용이 더해졌으니 그리 예민하게 볼 것은 아니라는 생각을 합니다. 오히려 스트레스, 옷값 등등 출퇴근하는 데 들어가는 보이지 않는 비용을 감안하면 전기 요금은 다른 집보다 덜 든 셈이 됐다는 데 생각이 다다르자 생활비를 절감하고 업무 효율도 높아진 재택근무 효과에 기분이 좋아집니다.

디자인 씽킹이 세계적으로 인정받는 문제 해결 공식이라면, 그래서 워크숍을 통해 배워야 하는 꽤 복잡하고 까다로운 해결책이라면 '관찰, 성찰, 통찰'이라는 매우 간단한 방법인 3찰 포맷 사고법은 생활형 문제 해결 공식입니다. 3찰 포맷 사고법 공식이면 디자인 씽킹처럼 그리 요란 떨지 않고도, 디자인 씽킹을 배우느라 시간이나 에너지 등 따로 비용을 들이지 않고도 고약한 문제를 척척 해결할 수 있습니다.

답을 빨리 내리려고
하지 마라

일본 소설가 무라카미 하루키 선생은 여행 중에는 여행만 합니다. 여행지에서 사진을 찍지 않습니다. 그저 그때그때 짤막하게 메모하는 것이 전부입니다. 스마트폰의 뷰 파인더가 아니라 육안으로 보고 머릿속에 그려 넣고 마음속에 분위기와 소리를 담습니다. 하루키 선생이 여행기를 쓰는 것은 여행에서 돌아와 한 달이나 두어달 쯤 후부터. 그 정도 시간이 지나야 가라앉을 것은 가라앉고 떠오를 것은 떠오르기 때문입니다. 그제서야 그는 생각합니다. 그리고 씁니다. 그런 다음에야 그는 자신이 목표한 여행을 통해 '새롭게 태어나는 나'를 만나게 된다죠.

나는 하루키 선생도 말하자면 3찰 포맷 사고법으로 자신만의 생각을 만들어 낸다고 여깁니다. 3찰 포맷 사고법은 깊이 잘 생각하는 숙고(熟考)의 방법이기 때문입니다. 숙고란 '어떤 사안이나 문제를 몇 번이고 되짚어 가며 다양한 관점에서 바라보고 무엇이 정말 중요한지 파악하는 것'이라고 조지프 L. 바다라코 하버드 MBA 교수는 말합니다.

"숙고는 어려운 문제에는 여러 다른 측면이 있고, 각각의 측면은 적어도 어느 정도 고려할 가치가 있다는 가정에서 출발한다. 따라서 빠른 판단을 하는 대신에 다양한 가능성을 검토하고 그것을 찾아야 한다."

조지프 L. 바다라코 교수는 숙고란 사실이나 이성을 성급하게 쫓는 대신 불확실성, 불가사의함, 의구심의 상태에 머물 수 있는 능력으로 가능하다고 강조합니다. 그가 말하는 '불확실성, 불가사의함, 의구심의 상태에 머물 수 있는 능력'은 영국 시인 존 키츠가 '부정적 수용 능력'이라고도 말하죠. 같은 것을 보고도 남이 하지 못한 생각을 만들거나 혁신적인 사고로 문제를 해결하는 비판적 사고 또한 찰나의 번뜩임이 아니라 불확실성을 견딤으로써 가능한 고차적 사고입니다. 하지만 우리는 멋진 생각을 한다면서 '좋다!' 싶은 생각이 떠오르면 곧장 그것으로 결론을 내립니다. '좋다!' 싶은 생각이 바로 떠오르지 않는다고 이내 생각하기를 닫아 버립니다.

—

거듭할수록 기다릴수록
생각은 좋아지기 마련이다

"이래서는 정말로 좋은 생각이 떠오르지 않는다. 이제 안 되겠다, 하고 반쯤 포기한 참에서 포기하지 말고 다시금 계속 생각해 나가면 훌륭한 착상을 얻을 수 있다. 서둘러서는 안 된다. 어떠한 경우에도 쉽사리 포기하지 않는 끈기가 필요하다."

일본의 저명한 언어학자 도야마 시게히코 선생의 조언입니다. 포기하지 않고 좋은 생각을 찾고 만들고 기다릴 줄 아는 내성이 필요합니다. 이를 '인지 내성'이라 합니다. 샌프란시스코주립대학 로널드 퍼서 교수는 당장은 배를 불리지만 오래 건강을 유지하는 데는 도움이 되지 않는 식탐 같은 '쉬운 해답'이 아니라고 말합니다. 우리에게 필요한 모범 답안은 어려운 질문을 받아들여 진득하게 탐구할 때나 가능하다고 인지 내성의 힘을 거듭니다.

3찰 포맷 사고법이야말로 인지 내성을 키우는 숙고의 레시피입니다. 관찰, 성찰, 통찰에 이르는 여정을 통해 불확실성을 견디고 다양한 가능성을 검토하고 그것을 아이디어로 만들어 내는 차원 높은 사고의 기회를 제공합니다. 3찰 포맷 사고법에서 '3찰'은 주의 깊게 '살

핌(察)'을 세 차례나 거듭한다는 것을 의미하거든요.

사실 3찰 포맷 사고법으로 생각을 만들려 하면 적잖이 시간이 듭니다. 주의 깊게 관찰하고 (이것부터 잘 안됩니다만) 그 과정에서 일어나는 내 머릿속 생각 느낌을 포착하며 (거의 불가능해 보입니다만) 그것을 지켜보고 살펴보고 그러면서 드는 생각과 느낌을 또 포착하여 살펴보고 또 지켜보고 (이것이야말로 제일 버겁죠) 그러면서 내가 몰랐던, 내가 흘려버렸던 어떤 생각의 조각도 떠올리고 '이게 그건가? 그게 이건가?' 기웃거려 보기도 하다 보면 그 글을 읽기 전에는 몰랐던 어떤 것을 알게 되고 새로 깨우치고 '아하…' 하는 순간과 만나고. 이런 과정이니 시간이 들 수밖에 없습니다.

그런데 남이 하지 못하는 새로운 생각을 만드는 데, 고약한 문제들을 해결하는 기특한 사고를 하는 데 이 정도 시간이 들지 않을 수 있을까요? 여름에 담그는 오이소박이도 하루는 숙성시켜야 맛이 드는데 말입니다.

복잡할수록 기다리고
시끄러울수록 고요해져라

의사 결정은 모든 개인의 일과 삶의 질을 좌우합니다. 조직의 리더일수록 잘못된 의사 결정의 피해가 혹독하기에 의사 결정 능력은 리더의 필수 자질입니다. 비판적 사고 능력 없이는 불가능한 자질이죠. 심리학자 최인철 교수는 의사 결정에 있어 거짓 정보를 거르지 못하는 이유 가운데 '불안'에 특히 주목합니다.

"애매하고 고통스러운 상태-불안에서 벗어나 빠르게 종착역에 도달하려는 심리를 '인지적 종결 욕구'라 부른다. 인지적 종결 욕구가 강한 개인과 집단일수록 '아무 답'이든 내놔야 한다는 강박이 강하다. 그러다 보면 잘못되거나 검증되지 않은 정보를 수용하고 성급한 판단을 내리기 쉽다."

우리가 해결해야 할 복잡한 문제, 고약한 문제일수록 '아무 답'으로는 해결할 수 없습니다. 아무 답이나 정답인 양 우기는 성급함으로는 합리적인 의사 결정이 불가능합니다. 성급하게 답을 구하기보다 애매하고 모호한 상태에 머물면서 최선의 답을 찾아가는 인지 내성이야말로 비판적 사고의 근간입니다. 픽사의 공동 설립자 에드윈 캣멀도 이렇게 말하죠.

"우리가 아는 것과 알지 못하는 것 사이에 독창성이 모습을 드러내는 최적의 지점이 존재한다. 여기서 핵심은 당황하지 않고 그곳에 그대로 머무르는 것이다."

신시내티대학 연구에서도 인지 내성이 없는 사람은 심도 있는 사고력이 불가능하고, 창의적인 아이디어를 내는 데 익숙치 않고, 멘탈이 쉽게 무너지는 것으로 조사됐습니다. 차근차근 하나하나 관찰하고 깊게 생각하고 그 결과 통찰을 얻는 3찰 포맷 사고법은 인지 내성을 기르는 길이기도 합니다. 아니, 인지 내성을 기르는 유일한 길입니다.

사고의 시작은 미약하지만
그 결과는 반드시 위대하다

"글쓰기가 어려운 것은 의도한 대로 글을 써야 하기 때문이다. 의도한 방향으로 독자가 움직이게 영향을 미쳐야 하기 때문이다."

이렇게 말한 이는 《보물섬》 작가 로버트 스티븐슨입니다. 글쓰기는 곧 생각하기, 그렇다면 이렇게 다시 써 봅니다.

'생각하기가 어려운 것은 의도한 대로 생각해야 하기 때문이다. 의도한 방향으로 독자가 움직이게 영향을 미치도록 생각해야 하기 때문이다.'

의도한 방향대로 독자가 움직이게 의미 있는 글을 써내는 의식적인 사고는 3찰 포맷 사고법으로 가능합니다. 3찰 포맷 사고법이라는 인지 내성을 습관 들이는 방법 없이는 불가능합니다.

노벨물리학상을 수상한 조르조 파리시는 인지 내성이 만들어 내는 참 좋은 생각을 일러 미시적 창의력이라 합니다.

"하루아침에 엄청난 생각이 떠오르는 것이 아니다. 일상에서 떠오른 작은 아이디어를 시간을 갖고 조금씩 발전시키면 큰 발견으로 키울 수 있다."

파리시 교수는 어떤 위대한 아이디어도 하루아침에 엄청난 생각으로 시작한 것은 아니라고 단언합니다. 매일 문제를 들여다보고 조금씩 다른 시선으로 보게 되면 질문에 다르게 접근할 수 있고, 그런 시간이 쌓여 깨달음의 순간이 선물처럼 주어진다고 설명합니다.

3찰 포맷 사고법이야말로 미시적 창의력의 표본입니다. 첫 생각은 그리 대단치 않지만 나중에 다시 들여다보면 그 사이 생각이 자라 있고, 그 사이 새로 입력한 지식과 정보들과 기존에 써 둔 내용이 연결되어 대단하고 대담한 생각으로 자랍니다. '매일 문제를 들여다보고 조금씩 다른 시선으로 보게 되면 질문에 다르게 접근하는 시간'을 3찰 포맷 사고법을 하며 쌓아 가는 것이죠.

비판적 사고도 혁신적인 사고도 원샷으로는 절대 불가능합니다. 뭔가를 주의 깊게 접하고(관찰), 관련하여 일어나는 느낌과 생각을 포착하고, 또 내게 저장돼 있던 어떤 지식과 생각과 연결하고(성찰), 그런 과정에서 생각의 단편들이 뭉치고 흩어지다 보면 스파크가 일고, 마침내 '아하!' 하는 순간이 발생합니다(통찰). 이런 느린 과정(비판적 사고 루틴)에 머물다 보면 내가 무엇을 느끼는지, 생각하는지 알아차리게 되고 내가 무엇을 아는지 모르는지, 지금 무엇을 위해 무엇을 하고 있는지 인지합니다(메타 인지). 이것이 바로 3찰 포맷 사고법의 특성이자 효과입니다.

의도에 맞는, 의미 있는 결과를 만드는 생각 작업은 이렇듯 의식적으로 진행되며, 하는 작업은 깊은 물길처럼 더뎌 보이지만 마침내 이르러야 할 곳에 도달합니다. 어떤 낯선 고약한 문제라도 해결하게 만드는 창의적인 사고도 이런 과정을 거칩니다. 이런 사고 작업을 능수능란하게 해낼 수 있어야 필요할 때 주도적으로 전략적으로 창의적으로 사고할 수 있습니다. 기계적으로 생각하고 표현하는 인공지능을 조수로 부려먹으며 수월하게 말이죠.

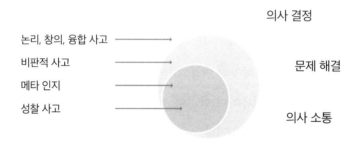

인지 내성 혹은 미시적 창의력은 성찰 능력의 특성을 이르는 말이기도 합니다. 성찰 능력은 반성적으로 생각하는 능력을 말하니까요. 반성적 생각이란 자신의 행동, 경험, 감정을 돌이켜 보고 되짚어 보며 그 과정에서 발견한 문제를 해결하기 위해 의식적으로 생각하는 것을 말합니다. 반성적 사고는 메타 인지 능력을 높여 주고 메타 인지 능력이 있어야 반성적 사고가 가능합니다. 반성적 사고는 비판적 사고의 핵심이자 비판적 사고 루틴의 한 요소죠.

3찰 포맷 사고법은 비판적 사고의 핵심인 성찰 능력을 키웁니다. 성찰이 가능하려면 행동, 경험, 감정에 대한 주의 깊은 관찰을 필요로 합니다. 주의 깊은 관찰은 성찰을 유발하고 그 결과로 통찰을 얻어 내니까요. 이런 성찰 능력에 요구되는 관찰, 성찰, 통찰의 과정은 3찰 포맷 사고법이 고스란히 반영합니다.

성찰 능력은 AI가 복제할 수 없는 인간 지능의 마지막 보루입니다. AI가 하는 일이라고는 기존 데이터를 활용하여 지식 소시지 같은 결과물을 만들어 낼 뿐입니다. AI는 우리처럼 지극히 주관적인 경험과 그때그때 얻어 낸 통찰과 매번 다르게 발산하는 감정에 기반하여 특별하고 특수한 지극히 개인적이면서도 통찰이 번뜩이는 사고를 하기가 불가능합니다. 이것이 인공 지능 시대의 경쟁력으로서 성찰 능력을 필요로 하는 이유이며 이것이 3찰 포맷 사고법을 연습해야 하는 거절할 수 없는 이유입니다.

인지 내성이든 미시적 창의력이든 또 성찰 능력이든 이 모든 것을 포괄하는 비판적 사고든, 오랜 시간 투자하여 겨우 조금씩 나아지는 참 어렵고 지난한 도전이죠. 오죽하면 이런 고차원적인 사고는 인간의 본능을 거스르는 것이며 진화를 엎어 버리는 것이라 거의 불가능한 시도라고 전문가들이 입을 모으잖아요. 하지만 보조 수단 3찰 포맷 사고법이 있으니 당신의 도전도 허용됩니다.

봐야 보이고
보여야 생각한다

동원그룹이 이차 전지 전문 기업으로 변신하고 있다는 뉴스에 깜짝 놀랐습니다. '동원그룹' 하면 반사적으로 '참치'가 생각나지 않나요? 참치와 이차 전지는 억지로 연결하려 해도 연결점을 찾기 어렵지 않나요?

참치를 담아 파는 레토르트 파우치의 핵심 기술은 여러 겹의 소재를 매끄럽게 접착하는 것입니다. 그래야 산소의 투과·투습을 막고 내용물의 신선도를 장기간 유지합니다. 동원은 레토르트 파우치를 연구하고 만들다 흥미로운 산업 정보를 접합니다. 파우치 5층 구조에 반드시 들어가는 소재가 있는데, 바로 알루미늄. 전기 차 중심으로 자동차 산업이 재편되면 알루미늄 금속 음극에 기초한 알루미늄 이차 전지가 그동안 이차 전지에 사용돼 온 단점 많은 리튬 이온 전지를 대체할 매우 중요한 소재가 될 것이란 추론이 가능하죠.

LG화학도 삼성SDI도 이차 전지 사업을 검토하던 무렵이라 이차 전지 시장이 커지면 핵심 소재인 알루미늄 수요가 커질 게 뻔한 이치. 동원은 2012년 대한은박지를 인수하여 이차 전지용 소재 분야로 진출합니다. 레토르트 파우치 핵심 기술인 연포장재를 만들며 쌓아 온 코팅 기술을 적용한 이차 전지 양극 박과 셀 파우치 시장에 뛰어들죠. 원통형 배터리 캔 시장에 진출한 것입니다. 식품 가공 회사에서 블루칩의 대명사 이차 전지 분야에 진출한 동원의 비결이 바로 상황을 예의 주시하는 능력, '관찰력'입니다.

《생각의 탄생》 저자 레너드 번스타인은 요리 대가들처럼 생각의 대가들도 도구를 사용한다고 주장합니다. 그가 알려 준 생각 도구 가운데 첫 번째가 '관찰하기'입니다. 그는 관찰은 생각의 한 형태이고 생각은 관찰의 한 형태라고 강조하죠.

"모든 앎은 관찰에서 시작된다. 예리한 관찰자들은 모든 종류의 감각 정보를 활용하며 위대한 통찰은 모든 사물에 깃들어 있는 매우 놀랍고도 의미심장한 아름다움을 감지하는 능력에 달렸다. 만일 우리가 무엇을 주시해야 하는지 또 어떻게 주시해야 하는지 알지 못한다면 주의력을 집중시킬 수 없다."

초록이 동색 아니듯
세상에 같은 생각은 없다

관찰은 자신의 머리로 자기만의 생각을 만들어 내는 도화선입니다. 관찰은 남다른 생각을 만들어 내는 방아쇠입니다.

"직접 제대로 충분히 무엇인가를 관찰하는 경험이 선행되지 않으면 자기만의 생각이나 감상을 끌어내는 데 어려움을 겪는다."

이렇게 말하는 스탠퍼드대학 조지은 교수는 관찰하지 못하면 생각이나 이해를 끌어내기가 버거울 수밖에 없고, 그 결과 다른 사람들의 생각을 가져다 사용하고, 계속 무언가를 암기하며 생각의 결핍을 가리기 급급하다고 주의 줍니다.

거듭 얘기하지만 우리는 생각할 줄 모르고 생각한 척만 할 줄 아는 생각치입니다. 생각한다면서 다른 사람이 이미 내놓은 생각을 떠먹이는 대로 받아들이기만 해서는 의도에 맞는 의미 있는 생각을 만들어 내는 비판적 사고와 점점 거리가 멀어집니다. 생각치들치고 뭔가를 주의 깊게 살피거나 오래 들여다보며 차이를 발견하는 행동을 하는 이들이 없습니다. 관찰이라는 도화선 없이 생각 만들기는 불가능하니까요.

창의력 전문가인 스탠퍼드 티나 실리그 교수는 학생들에게 1시간 동안 산책하며 보고 들은 것을 모두 기록하라는 과제를 자주 내줍니다. 학생들에게 관찰 습관을 들여 주기 위해서죠. 이런 식의 강제를 띤 관찰을 습관 들일 때에야 주변 세계에 깊이 그리고 적극적으로 몰입하여 새로운 기회와 원리를 포착할 수 있다고 교수는 설명합니다.

러시아 시인 존 러스킨은 붓이나 물감이 아니라 말로 그림을 그리라고 합니다. 말로 비둘기의 발 모양과 머리 모양을 설명하고 사과와 양파를 설명하려면 한두 번의 경험으로는 불가능하므로 오랜 관찰을 할 수밖에 없다는 것입니다. 나뭇잎을 봤다면 나뭇잎의 균형 감각이 어떻게 돼 있고, 앞뒷면의 촉감이 어떻게 다르고, 끝부분은 어떤 모양이고, 햇살이 떨어진 각도에 따라 나뭇잎의 색깔이 어떻게 다른지 보고 말로 글로 쓸 수 있다면 저절로 창의력이 길러진다고 강조합니다.

무언가에 집중하거나 다른 것에 주의를 빼앗겨 눈앞의 대상을 알아차리지 못하는 현상을 '무주의 맹시'라 부릅니다. 인간의 뇌는 보고 싶은 것만, 듣고 싶은 것만, 알고 싶은 것만 보고 듣고 선택하죠. 오감으로 자극받는 모든 것을 하나하나 다 챙기려면 뇌에 아주 큰 부하가 걸리기 때문입니다. 하지만 선택적 인지가 기본으로 작동하면 봐도 보이지 않고, 보이는 게 없으면 생각도 하지 않게 됩니다.

참 좋은 생각, 멋진 아이디어를 만드는 관찰력을 높이려면 봐야 할 것, 들어야 할 것, 읽어야 할 것에 주의를 기울여야 합니다. 의도한 대로 의미 있는 결과를 만드는 의식적인 사고 작업인 비판적 사고의 시작은 관찰부터입니다. 그래서 하버드교육대학원 프로젝트 제로의 대표적 사고 루틴인 '보기, 생각하기, 궁금해하기' 역시 보기에서 시작하죠. 3찰 포맷 사고법은 정보를 주의 깊게 살피고 이해하는 방법으로 손색없습니다. 관찰력을 키우는 보조 수단으로 제격입니다.

3찰 포맷 사고법으로 관찰 능력을 키우면 가장 먼저 이해력이 높아집니다. 텍스트든 행동이든 감정이든 높아진 정신의 눈썰미로 세상을 보는 눈이 깊어지고 폭넓어집니다. 그럼 관찰하는 감각이 더욱 예민해지고 안목은 더욱 높아지죠. 텍스트를 제대로 읽고 이해하게 되면 아는 것을 늘어놓거나 다른 이의 것을 베끼거나 좋다는 것을 긁어모아 영혼 없이 짜깁기하는, 생각한 줄 알고 생각한 척하는 가짜 생각 습관이 사라집니다.

3찰 포맷 사고법으로 관찰 능력을 키우면 무엇이든 새롭게 보는 나만의 안경을 갖게 됩니다. 프루스트의 말대로 새로운 것을 봐서 새로운 게 아니라 어떤 것이든 새롭게 보는 눈을 갖게 된다는 말이죠. 이쯤 되면 의도하지 않아도 저절로 나만의 생각 만들기가 가능합니다. 나만의 눈으로 보고 나만의 생각을 하게 되면 전에 보던 것도 다르게 보이고 전에 하던 행동도 새롭게 이해되고 결과적으로 다르게 생각하게 됩니다. 이쯤 되면 어느새 남과 다른 나만의 생각을 만듭니다. 아주 자연스럽게.

광고 카피를 쓰고 에세이를 쓰는 최인아 님은 자신이 하는 일들이 생각이라는 통찰을 발견하는 일인데 얼핏 보면 서로 다른 일 같지만 사실 인생의 인사이트를 찾아가는 공통된 과정이라 말합니다.

"인사이트는 이미 모두가 알고 있지만 자신이 알고 있는지 모르던 부분을 콕 집어 주는 통찰을 의미해요. 예리한 통찰일수록 사람들은 허를 찔린 듯 크게 공감하게 되죠."

최인아 님의 통찰은 '초록은 동색'이란 말을 부정하는 관찰에서 시작합니다. 여름의 나무들을 가리켜 '초록'이라는 한마디로 뭉뚱그리지만 자세히 들여다보면 초록은 하나의 색깔이 아니라며 관찰의 눈썰미를 강조합니다.

"노란빛을 띠는 연두부터 비가 내린 뒤의 숲처럼 짙은 초록까지 그야말로 초록색의 그러데이션이요, 향연이다. 형용사가 발달한 우리말이지만 농담과 빛깔이 다 다른 초록색들을 일일이 형용할 길이 없다."

헤겔 짓거리에서
벗어나라

2024년 봄, 철학자 쇼펜하우어가 살아 있다면 각 나라말로 서비스 되는 블로그 포스트을 보다가 특유의 표정으로 버럭 할 것 같습니다. '왜 다들 여태 헤겔 짓거리를 하고 있지?' 하면서요. 헤겔은 쇼펜하우어 시대의 철학자. 그가 통탄해 마지 않는 헤겔 짓거리란 이렇습니다.

"읽어도 또 읽어도 단 하나의 생각을 잡아 낼 수 없다. 그 어떤 뚜렷한 내용도 머리에 떠오르지 않는다. 낱말에 낱말을 구절에 구절을 쌓아 올렸을 뿐 말하고자 하는 바가 아무것도 없다. 할 말도 없고 아는 것도 없고 생각도 없으면서 그래도 말은 하고 싶어 말들을 골라서 그렇다."

쇼펜하우어는 헤겔 짓거리나 하는 이들이 사용하는 언어는 자신의 생각을 더 분명하게 표현해 주기 때문이 아니라 생각의 결핍을 아주 능숙하게 감춰 주기 위해 선택된다고 꼬집습니다. 누가(아마도 여기서는 헤겔) 쓴 글이나 책이 싫증 나고 지루한 것은 필자가 흐리멍덩한 의식으로 말하기 때문이며, 이는 사상을 만들어 내는 데 필요한 주형, 즉 명료한 사고가 없기 때문이라고 질타합니다. 그러니 불확실하고 애매하게 사고하고 흔한 단어를 조합하여 진부하기 짝이 없는 상투적인 표현을 일삼고 기껏 유행하는 표현밖에 하지 못한다고 비꼽니다.

그러면서 쇼펜하우어는 누구든 자기 마음대로 읽기와 배움에 힘쓸 수 있지만 사고는 자기 뜻대로 되지 않는다고 전제하며 '불에 공기를 제공해 지펴 줘야 하듯 사고도 부추겨 줘야 한다'고 인색하게 조언합니다.

그가 말하는 '사고 부추김'이 사고의 보조 수단이죠. 나는 3찰 포맷 사고법이 사고를 일어나게 하는 불쏘시개라고 단언합니다. 3찰 포맷 사고법은 쇼펜하우어가 지적한 사고의 틀을 제공합니다. '관찰, 성찰, 통찰'이라는 체계적인 프레임워크를 반복 사용함으로써 생각을 끌어내고 정리하고 다듬으며 의도에 부합하는 의미 있는 생각을 만들도록 유도합니다.

읽기와 배움만큼 중요한 것은
새로운 발견과 깨달음이다

3찰 포맷 사고법은 주의 깊게 살피고 깊이 생각하고 그 과정에서 남다른 발견, 깨달음을 얻어 내도록 돕습니다. 3찰 포맷 사고법은 이렇게 스스로 생각하는 능력을 키워 지적 대사 증후군을 개선하는 데 탁월합니다.

3찰 포맷 사고법은 가짜 생각하기 습관을 내 머리로 생각하는 진짜 습관으로 바꿔 줍니다. 지적 대사 증후군을 앓는 사람들은 생각하지 않고 생각하는 척만 합니다. 읽은 것, 들은 것, 본 것을 그대로 쏟아 냅니다. 읽은 것이 맞는지 아닌지, 본 것이 들은 것이 옳은지 아닌지 검토하지 않습니다. 아는 것, 들은 것, 본 것을 나열하거나 짜깁기합니다.

쇼펜하우어도 지적하거니와 이런 증상은 독서를 많이 하는 사람에게 발생합니다. 남의 책을 읽는 것은 남의 생각을 만나는 것인데, 그렇게 접한 남의 생각을 마치 내 생각인 양 쏟아 내는 증상입니다. 남의 생각을 흡수하여 이해하고 소화하는 작용이 생략되니 내 것으로 둔갑합니다. 3찰 포맷 사고법을 지속적으로 연습하면 이런 증상이 자연 해소됩니다.

3찰 포맷 사고법이 이런 효과를 발휘하는 이유는 관찰 단계에서 남의 생각, 남의 글을 주의 깊게 살피는 습관을 들여 주기 때문입니다. 이어 성찰 단계에서 남의 생각, 남의 글을 살피며 어떤 생각과 느낌이 들었는지 의식하게 하죠. 그러니 남의 생각, 남의 글을 내 것이라 오인하는 일이 없습니다. 관찰과 성찰 두 단계를 거치며 남의 생각, 남의 글이 비로소 소화되어 새로운 발견이나 깨달음으로 이어집니다. 이 일련의 과정이 3찰 포맷이라는 주형에 따라 이뤄지니 가짜 생각을 할 겨를이 없습니다.

3찰 포맷 사고법은 뭔가를 주의 깊게 접하고(관찰하고), 관련하여 일어나는 느낌과 생각을 포착해 그것들을 내게 저장돼 있던 어떤 지식과 생각과 연결하고(성찰하기), 그런 과정에서 사고의 화학적 변화가 일어나는 것을 감지하는(통찰하기) 과정을 거치며 섬세하고 정교하게 생각을 만들고 이끌어 내고 완성합니다. 내 머리로 주도적으로 생각하고 표현하면 창의력 발휘도 수월합니다. 기계적으로 생각하고 표현하는 인공 지능에게는 언감생심인 능력이죠. 3찰 포맷 사고법은 이렇게 인공 지능 대항력(AIproof)을 높여 줍니다.

6교시

사고력의 격차를 어떻게 벌리는가?

당신의 삶은 생각의 질에 달렸다.

-마르쿠스 아우렐리우스(《명상록》을 쓴 로마의 마지막 황제)

하버드 비즈니스 스쿨의
면접 테스트

하버드 비즈니스 스쿨은 세계적인 경영자를 양성하는 사관 학교로 유명합니다. 하버드 비즈니스 스쿨에서 신입생을 선발할 때 가장 중요하게 점검하는 능력이 있습니다. 반성적 사고, 즉 성찰 능력입니다. 하버드 비즈니스 스쿨에서 공부하는 시간은 성찰 능력을 강화하는 과정이기도 합니다.

성찰이란 뭔가를 진지하게 살피며 생각하는 행위를 말합니다. 성찰은 사고 과정을 살피는 '인지적 성찰'과 사고하는 자신을 살피는 '자기 성찰'로 구분됩니다. 앞에서 다룬 비판적 사고 루틴은 인지 성찰에 관한 것이고 이제 소개하려는 성찰은 자기 성찰에 관한 것입니다.

하버드 비즈니스 스쿨에 입학하려면 좀 특이한 면접 과정을 거쳐야 합니다. 대개는 면접을 보는 것으로 끝이지만, 하버드 비즈니스 스쿨은 면접 후 24시간 이내에 지원자들이 면접 경험에 대한 글을 제출해야 합니다. 면접 후기를 쓰는 것까지가 면접 시험인 셈이죠. 하버드 비즈니스 스쿨 측은 '면접 후기 쓰는 법'까지 알려 줍니다.

"미팅 후 동료나 상사에게 쓸 수 있는 이메일로 여기라.

핵심이 분명하고 간결하고 명확하게 쓰라.

면접에서 했던 말을 반복하지 말라.

면접은 잘했는지, 무엇이 잘됐고 어떤 점이 아쉬운가를 짚고 그 내용을 쓰라."

하버드 비즈니스 스쿨의 면접 후기 테스트는 지원자가 경험을 통해 배우고 깨닫는 성찰 능력을 가졌는가를 파악하기 위함입니다.

이 학교 출신 최다혜 님. 쇼핑몰 플랫폼에서 전략을 총괄하는 그가 하버드 비즈니스 스쿨에서 가장 큰 도움을 받은 것 또한 성찰 작업이었다고 합니다. 하버드 비즈니스 스쿨에서는 수업마다 의무적 '리플렉션(reflection)'이라는 과제를 제출해야 하는데, 리플렉션은 수업을 들을 때나 토론을 할 때 또는 새로운 도전을 했을 때 그런 경험을 통해 무엇을 배웠으며 그 과정에서 알게 된 정보와 깨달음을 구체화하여 A4용지 1~2페이지 분량의 소감문이나 에세이로 기록하는 것을 말합니다.

"억지로라도 스스로의 말과 행동을 돌이켜 보는 글을 계속 쓰다 보니 내가 반복적으로 실패하는 패턴, 후회하는 지점, 아쉬움을 남기는 언행이 눈에 보이기 시작했다."

최다혜 님은 성찰 작업으로 도움을 받으려면 경험에 관해 세부적으로 자세히 알아차리는 것이 중요하다고 조언합니다. 이런 과정을 거치면 반드시 통찰을 얻게 된다고요.

"리플렉션은 문제를 인식하는 방식, 인식한 문제를 글로 옮기고 체계화하는 트레이닝이다. 또한 내용을 공유하며 잘못된 점을 분명히 짚어 간다는 점에서 리더십의 기초를 닦을 수 있게 한 중요한 작업이었다."

—

세계 명문 대학이 가려 뽑는
학생의 기본기

하버드, 옥스퍼드, 스탠퍼드, MIT, 캠브리지…. 영국 대학 발표 기관(THE)에서 발표한 세계 대학 랭킹 상위권의 대학들이 신입생을 선발할 때 성적은 더 이상 최우선 기준이 아닙니다. 물론 입시 전형에서 성적은 중요한 평가의 근간이지만, 이들 대학에 지원하는 학생 치고 내신과 입학시험 성적이 좋지 않을 리 없죠. 성적의 영향력이 과거만큼 크지 않다는 게 입시 전문가들의 중론입니다.

하버드가 제작하는 학보 〈하버드 가제트(Harvard Gazette)〉는 2009년 하버드에 지원한 3만 500명에 대한 통계를 냅니다. 3,000명 이상의 지원자가 언어 영역(SAT Verbal section)에서 800점 만점을, 4,100명이 수리 영역(SAT Math section)에서 800점을 받았고, 3,600여 명이 고등학교 수석 졸업생이었다죠. 신입생 입학 정원이 약 2,100명임을 감안하면 '완벽한' 점수를 보유한 수많은 학생이 탈락했음을 짐작할 수 있습니다.

하버드 입학 사정관 폴김은 이들 대학의 당락이 학업 성적 외에 다른 학생과 차별화된 자신만의 가치를 증명하는 데서 결정 난다고 말합니다. 대학에서 가장 중요시하는 것은 학생들의 상호 작용이기 때문에 자기 자신을 바르게 인식하고, 다른 사람들이 자신을 어떻게 보는지도 이해하는 능력을 살핀다고 합니다. 자기 성찰을 통한 자기 인식(self-awareness)의 여부가 하버드 같은 명문 대학의 입시 당락에 중요한 요소라는 건데요. 실제로 폴김은 이런 질문으로 자기 성찰 능력을 점검합니다.

"당신의 친구와 가족이 당신을 세 단어로 설명한다면 무엇이 될 것 같나요? 왜 그 단어들을 선택했는지 설명해 보세요."

세계 명문 대학들이 에세이 평가를 할 때도 의도는 지원자들의 성찰 능력을 평가하기 위함입니다. 가령 하버드는 이런 주제로 에세이를 쓰게 합니다.

"하버드는 오랫동안 다양한 학생들을 수용하는 중요성을 인식해 왔다. 오늘날 당신을 형성하는 삶의 경험이 어떻게 하버드에 기여할 수 있을까?"

"지금까지의 자신이 되도록 도움을 준 과외 활동, 직장 경험, 여행 또는 가족에 대한 책임 등의 경험에 대해 이야기하라."

"당신에 대해 룸메이트가 알고 싶어 할 상위 세 가지 사실은 무엇인가?"

"하버드대학교에서의 교육 경험 활용 계획을 설명하라."

"본인에게 의미 있었던 학문적 경험을 설명하라."

-하버드 2023-2024 지원 에세이 프롬프트(2023. 9. 24.)

주제 하나하나가 지원자가 자신의 삶과 경험에 대해 성찰하고 그런 경험을 통해 무엇을 배웠고, 무엇을 성취하고 싶은지 드러내게 합니다.

명문 대학들은 미래의 리더, 혁신가 그리고 세상에 기여할 사람들을 양성하는 것을 목표합니다. 대학들은 이런 목표를 달성하는 데 가장 기본이자 기반이며 기초가 되는 것이 반성적 사고라고도 불리는 성찰 능력이라 인식합니다. 따라서 대학은 지원자들의 성찰 능력을 평가하여 장래에 리더, 혁신가, 세상에 기여하는 사람들로 성장할 만한 학생들을 가려 뽑으려는 것입니다.

성찰 능력은 자신의 행동과 감정, 생각을 모니터링하여 실수로부터 배우고 잘못을 개선하는 방향성을 갖게 합니다. 성찰 능력을 통해 키우고 개선하는 이런 능력들은 일과 삶을 자기 주도적으로 이끄는 일을 하는 리더의 기본적인 덕목입니다.

요약하면 성찰 능력은 정보에 입각한 결정을 내리고 문제를 해결하며 의사소통하는, 합리적으로 생각하고 판단하는 비판적 사고에 반드시 필요하기 때문에 리더를 비롯한 모든 사람에게 필수적으로 요구됩니다. 이런 이유로 세계 명문 대학들이 학생을 선발할 때 그들의 성찰 능력을 눈여겨봅니다.

인터넷처럼 와이파이처럼 전기처럼 일과 일상에서 함께할 인공 지능의 시대. 인공 지능이 만들어 내는 결과물을 의도에 맞춰 점검하고 평가하고 확인하며 이런 작업에 임하는 자신의 머릿속과 반응과 감정을 살피고 돌아보는 능력 '메타 인지'는 인공 지능 시대를 주체적으로 살아가려는 사람들에게 요구되는 필수적 능력입니다.

자기 성찰은
지능이자 능력이다

조직 심리학자 타샤 유리크는 미국 상위 500대 기업을 상대로 코칭과 상담 활동을 합니다. 이 과정에서 그가 만난 수많은 경영자는 하나같이 자기 인식 능력이 탁월하다고 증언합니다. 타샤 유리크는 자기 인식을 인간의 주목할 만한 능력 가운데 하나로 꼽습니다. 그가 말하는 자기 인식 능력은 '자신을 명확하게 보는 능력'으로 자신이 어떤 사람이고, 다른 사람들은 자신을 어떻게 생각하는지, 자신이 주변 세상과 어떻게 어울리는지 아는 것을 말합니다. 한마디로 자기 자신에 대한 성찰 능력을 토대로 하죠.

자기 성찰 능력을 습득한 이들이 업무 수행 능력이 뛰어나고 승진도 더 빨랐으며 결과적으로 더 성공한 리더가 됐음을 입증하는 증언은 차고 넘칩니다. 포드 CEO를 지낸 앨런 멀러리는 "지속적인 성장과 발전 그리고 성과를 얻을 절호의 기회를 잡으려면 개인적·직업적 성공의 기반이 될 수 있는 자기 이해가 필수"라고 강조합니다. 40년 넘게 경영 코치로 일한 마셜 골드스미스 역시, 자기 성찰에 기반한 자기 인식이 확실한 리더가 기업에 얼마나 중요한지 직접 목격했다고 증언합니다.

—
일과 공부에서
평생 학습해야 한다는 한 가지

맥킨지 같은 세계적인 사고 능력자들의 집단에서조차 조직이 성공하려면 구성원 개개인이 자기 인식이 분명해야 한다고 강조합니다. 맥킨지 애틀랜타 소장 네이트 보아즈와 맥킨지리더십센터 고문 에리카 아리엘 폭스는 맥킨지 구성원과 공유한 〈Change Leader, Change Yourself〉라는 글에서 조직 변화가 개인의 변화와 불가분의 관계에 있으며, 개인이 스스로 근본적인 변화를 해야 할 필요를 간과하기 때문에 변화 노력이 실패하는 경우가 많다고 주장합니다.

"(구성원들이) 자기 인식과 자기 돌봄이 이뤄지고 조직의 맥락에 자기 자신을 동화시킬 수 있을 때 조직의 변화를 이루기가 더욱 쉽다. 조직 변화를 위해 노력하는 리더들이라면 자기 자신에게 먼저 주의 깊게 귀를 기울여야 한다."

자기 인식은 개인이 자신과 가치, 목표에 대해 더 깊이 이해할 수 있도록 돕기 때문에 조직 성공에 매우 중요하다는 주장입니다. 자기 인식이 가능하면 개인은 더 효과적인 리더가 될 수 있고 변화를 탐색할 수 있는 더 나은 준비를 갖출 수 있다는 설명이죠.

필자들에 따르면 자기 인식은 자신의 강점, 약점, 동기 등을 이해할 수 있는 능력이며, 변화의 복잡성을 개인이 탐색하고 조직에 최선의 이익이 되는 의사 결정을 할 수 있도록 해 주기 때문에 변화를 주도하는 데 필수적입니다. 자기 인식을 하면 그들 자신의 장단점을 이해하므로 개선이 필요한 부분을 파악하고, 이때 조직의 이익에 가장 부합하는 결정을 내리게 된다는 겁니다. 이 과정에서 조직에서 변화는 혼자 가능한 일이 아니어서 다른 사람들과 효과적으로 협력하게 된다는 것인데요. 이렇게 조직의 모든 사람이 자기 자신을 인식할 때 조직은 성공을 위해 필수적인 열린 의사소통과 협업의 문화를 만든다고 역설합니다.

명문 대학의 MBA 과정은 자기 인식에 이르는 성찰 프로그램을 제공하는 곳이 많습니다. 스탠퍼드 MBA 과정이 그중 유명한데, 자기 자신과 가장 잘 맞는 일을 할 때 가장 행복하고 가장 성공적이라고 보기 때문입니다. MBA 과정에 마련된 성찰 프로그램에서 주로 하는 것은 자신에게 주어진 질문을 파고들어 답을 구하는 것입니다. 학생들은 이런 지속적이고 반복적인 과정을 통해 자기 성찰 지능을 키워 갑니다.

자기 성찰 지능은 하버드 하워드 가드너 교수가 제안한 것으로 자기 자신을 인식하고 자기 감정을 이해하면서 자신과 관련된 문제를 잘 풀어내는 데 필요한 능력을 말합니다. 자기 성찰 지능이 높은 사람은 의지가 강하고 자립심이 높고, 정확한 판단을 내립니다. 이런 이유로 리더에게는 자기 성찰 능력이 요구되고 지속적으로 이 능력을 함양하는 노력을 요구한다고 설명합니다.

내가 책 쓰기 수업에서 만난 자기 분야에서 자기 나름으로 성공한 이들을 봐도 그들은 자기 인식이 뚜렷합니다. 당연히 자신에 대한 성찰 능력이 뛰어나죠. 자신의 성격과 능력, 그 능력의 장단점은 물론 자신의 성향과 취향, 보유 기술, 태도와 마인드에까지 자기 자신에 대해 참 많은 부분을 거의 정확하게 파악합니다.

이런 사람은 첫 책을 출간하는 책 쓰기 저자로서 자신의 객관적인 위치를 파악하는 데도 능합니다. (나는 이것을 '주제 파악'이라 부릅니다.) 이런 사람은 또 자기 자신이 가치 있게 놓일 시공간도 포착할 줄 압니다. (나는 이것을 '현실 파악에 능하다'고 합니다.) 자신의 현 위치를 명확히 파악하고 목표 지점을 정확하게 겨누는 까닭에 책 쓰기라는 평생 처음 하는 작업에 그리 힘들어하지 않습니다. 자기 성찰 능력을 토대로 자기 인식을 구축한 이런 사람들은 책 쓰기든 직업적 성취든 자신의 삶을 의도한 대로 주도적으로 끌어갑니다.

유네스코에서는 평생 학습을 제대로 하려면 네 개의 카테고리에 걸쳐 골고루 해야 한다고 권유합니다. '존재하기 위한 학습(Learning to be)', '알기 위한 학습(Learning to know)', '행동하기 위한 학습(Learning to Act)', '함께 살기 위한 학습(Learning to live together)' 인데요. 이 가운데 성장하기 위한 학습이 자기 성찰을 통한 자기 인식입니다. 이 공부는 자신이 누구인지를 아는 공부입니다. 유네스코에서는 직업적인 공부가 이 공부를 우선시하면 안 된다고 못박습니다.

이처럼 인생 전반에 큰 영향을 주기 때문에 자기 성찰 지능이 높은 사람은 자기 분야에서 성공할 확률이 높습니다. 자기 성찰 지능이 높은 사람은 자신을 제대로 이해하고 인식하기 때문에 자신의 생각과 행동과 감정을 잘 다룹니다. 따라서 자기 성찰 지능이 높은 사람은 비판적 사고에도 능합니다.

자기로부터 시작하는
생각, 일, 삶

하버드 비즈니스 스쿨 조지프 바다라코 교수는 기업의 의사 결정 문제에 관한 한 세계적이고 독보적인 전문가입니다. 그는 어느 날 문득 이런 궁금증이 듭니다.

"그렇다면 개인은 최상의 결정을 내리고 더 나은 인생을 만들기 위해 언제 어떻게 생각해야 하는가?"

이 질문은 점점 눈덩이처럼 불어나 그를 사로잡습니다. 결국 '어느 개인이 상황과 관계없이 압도적이고 주체적인 삶을 살려면 어떤 능력을 갖춰야 하나' 하는 수준으로 발전합니다. 당신도 중요한 결정을 내리고, 많은 사람을 이끌고, 원하는 인생을 살고 싶죠? 그렇다면 어떤 능력을 갖춰야 할까요?

바다라코 교수는 답을 찾으러 나섭니다. 맨 먼저 아우렐리우스, 몽테뉴, 이그나티우스 같은 고대 철학자의 문헌을 탐색합니다. 하버드 출신 글로벌 리더들과 하버드 동료 교수는 물론 세계적인 석학, 하버드 비즈니스 스쿨에서 만난 유명 기업의 CEO에서 중간 관리자까지 찾아다니며 이 질문을 공유하고 그들의 답변을 듣습니다. 이러기를 무려 4년여. 교수는 마침내 답을 발견합니다.

—
하버드가 밝혀낸
성공의 결정적 조건

바다라코 교수가 찾아낸 성공의 결정적 차이를 만드는 첫 번째 능력이 이것이라는 데 그 누구도 반박하지 않았다죠. 바로 그가 '스텝백'이라는 말로 표현한 성찰 능력입니다. 그가 말하는 성찰 능력이란 이러합니다.

"한 걸음 물러서서 자신이 경험하고 있는 것, 이해하려고 노력하는 것 또는 지금 하고 있는 것에 대해 무엇이 정말 중요한지를 파악하는 일."

그는 단언합니다. 한 개인이 최상의 결정을 내리고 더 나은 인생을 만들고 싶다면 한 걸음 물러서라고, 성찰하라고, 그럼 새로운 길이 보일 것'이라고.

성찰 능력은 앞에서 살펴봤듯 비판적 사고 루틴을 구성하는 하나의 부분이자 비판적 사고 루틴의 중심축입니다. 성찰이란 생각하는 대상이든 생각하는 자신이든 살피고 거르고 조정하는 능력을 말합니다. 성찰 능력 없이는 자신이 무엇을 생각하는지 그것에 대해 아는지 아닌지를 파악할 수 없습니다. 성찰 사고는 더 나은 결정을 내리고 문제를 더 효과적으로 해결하며 개인으로서 성장할 수 있는 중요한 기술이자 능력입니다. 의도한 대로 의미 있는 결과를 만드는 의식적인 생각 작업인 비판적 사고의 중심에는 성찰 사고가 있습니다.

성찰 능력은 크게 두 영역에서 발휘합니다. 사고하는 대상에 대한 인지 성찰과 사고하는 자신에 대한 자기 성찰입니다. 자기 성찰은 자신의 성격·감정 상태와 변화·행동의 목적과 의도에 대하여 스스로 명료하게 점검하고 평가하여 방향을 조정하는 능력입니다. 모르는 것을 구별하는 능력, 할 줄 아는지 아닌지를 가려내는 메타 인지도 성찰 사고를 기본으로 합니다.

이 책 서문에서 인공 지능이 다 써 줄 텐데 그럼에도 글쓰기를 인공 지능에 맡길 수 없는 이유가 비판적으로 사고해야 하기 때문이라 했습니다. 인공 지능이 써내는 평균적이고 기계적인 글쓰기와 두드러지게 구별되는 글을 쓰려면 섬세하고 남다른 사고가 필요합니다.

인공 지능은 주어진 정보를 처리하는 능력이 탁월하지만 정보를 뛰어넘는 섬세한 사고는 불가능합니다. 인공 지능이 휘뚜루마뚜루 쏟아 내는 '아무 말 대잔치'를 이기려면 인공 지능이 만들 수 없는 생각을 만들 수 있어야 하고, 이렇게 만든 생각에 타인이 공감해야 하고 설득당해야 합니다. 공감력과 설득력 높은 글을 쓰고 말을 하려면 생각을 정교하게 섬세하게 만들 줄 알아야 합니다. 이런 고차적 사고는 성찰하는 능력을 갖춘 인간만이 가능합니다.

자신을 아는 사람만이
자기 삶을 살 수 있다

마이크로소프트 창업자 빌 게이츠는 "챗GPT의 등장은 인터넷 발명만큼 중대한 사건이 될 수 있다"라고 선언했습니다. 인텔 최고 경영자 팻 겔싱어는 "AI는 와이파이 기술이 될 것이다"라고 했죠. 미래 학자 케빈 캘리는 "인공 지능이 전기처럼 흐를 것"이라 했고요. 챗GPT는 한 달 사용료 20달러, 그러니 전기와 닮았습니다.

인공 지능에 관한 이야기는 언제 하더라도 하는 순간 구문이 됩니다. 어떤 예측을 하더라도 '맞을 리' 없습니다. 그만큼 인공 지능 관련 기술은 상상을 초월합니다. 다만 하나의 틀림없을 예측이 있습니다. 이제 전기 없이, 인터넷 없이, 와이파이 없이 일도 삶도 거의 불가능하듯 인공 지능 없이 일과 일상을 영위하기가 거의 불가능할 것이라는 예측입니다.

나는 범용 인공 지능이 현실화되는 것이 가장 무섭습니다. 우리가 하는 거의 모든 평범한 일을 인공 지능이 다 하게 될 것이라는 예측에 소름 끼칩니다. 지금도 생각하는 대신 검색 엔진에게 명령하여 생각을 만들어 내는 일은 일상적입니다. 초등학생도 인공 지능을 돌려 자료를 수집하고 자료를 연결하여 결과물을 만들고 인공 지능을 시켜 완성도를 높이는 것쯤은 어렵지 않게 합니다.

문제는 이런 식의 결과물은 쉽고 빠르게 만들어질 수 있는 한편 평균이거나 평균 이하의 수준이라는 것이죠. 독창성 면에서는 0점입니다. 인공 지능이 만들어 준 글에 자신의 이름을 달고 퍼블리싱하는 순간 어디서 본 듯한 뻔한 글, 딱 평균인 글을 쓰는 평범하기 짝이 없는 사람, 자기 생각이 없거나 모르는 생각치로 낙인 찍히게 될 테니까요.

이런 불상사에서 자유로우려면 선택지는 단 하나, 인공 지능이 하지 못하는 일을 해야 합니다. 내 머리로 생각하고 판단하고 결정하여 결과물을 만들어 내야 합니다. 이런 능력은 비판적 사고 루틴으로 가능하고, 비판적 사고 루틴은 사고 내용과 사고하는 자신에 대한 성찰 능력을 발휘할 때 가능합니다. 인공 지능의 기계적이고 평균적인 사고를 따돌리는 유일한 능력은 요컨대 성찰 능력에서 시작합니다.

짐 콜린스. 그는 휴렛패커드에 입사하며 사회생활을 시작합니다. 당시 이 회사는 남들이 다 부러워하는 회사였지만 그는 만족하지 않았습니다. 막연히 '이게 아닌데' 하는 생각이 들었지만 그럼 어떤 일을 하고 싶은지도 막연했다죠.

어릴 때부터 곤충 관찰을 해 온 그는 그 경험을 되살려 자신을 관찰해 보기로 합니다. 관찰 노트를 마련하고 '짐이라는 이름의 곤충'이라고 씁니다. 자신의 행동과 일에 대해 세심하게 지켜보고 매일 그날 일 중에서 가장 뿌듯한 일을 기록합니다.

기록을 시작한지 1년이 지나자 자기 자신에 대한 나름의 패턴을 발견합니다. 자신이 복잡한 시스템 속에서 일할 때, 남을 가르칠 때 가장 행복해한다는 자기 인식에 도달합니다. 관찰 노트를 분석하여 결론을 내린 후 그는 망설임 없이 휴렛패커드를 떠나 학교로 갑니다. 이후 그는 《성공하는 기업들의 8가지 습관》을 출간하고 세계적인 경영 컨설턴트로 맹활약합니다.

이렇듯 자기 인식은 '삶의 기초에서 방향을 제시하는 내면의 미묘한 목소리에 귀를 기울이는 나침반'이라고 심리학자 대니얼 골먼이 말합니다. 대니얼 골먼은 자기 관찰을 통해 얻게 되는 내적 나침반은 해야 할 일과 말아야 할 일을 구분하는 열쇠라고 지적합니다. 내면의 미묘한 목소리에 귀를 기울이는 자기 관찰, 이것이 바로 성찰 능력입니다.

내가 이런 사람인 줄
꿈에도 몰랐어요

'퇴사하기 전 내 경험을 정리하고 싶다.'

'퇴직하기 전 내 삶을 돌아보고 싶다.'

이런 이유를 앞세워 책 쓰기 수업을 찾는 4050 세대가 많습니다. 헷갈리는 40대와 좌절의 늪에서 허우적대는 50대들입니다. 공부를 얼마나 했든 무슨 일을 하든, 왜 책을 쓰고 싶어 하는지와 상관없이 이들의 공통점이 있습니다. 무엇을 잘하는지, 무엇을 하고 싶은지 말하기 어려워합니다. 잘하는 것이 아니라 잘하고 싶은 것, 하고 싶은 것이 아니라 하면 좋은 것을 말하기 바쁩니다. 자신에 대한 인식이 없는 까닭입니다. MBTI같이 누구에게나 그럴듯하게 맞아떨어지는 테스트 말고는 자신을 시시콜콜 살펴본 적 없기 때문입니다.

책 쓰기 수업을 시작하면 나는 그들에게 쓰게 합니다. 자기 자신을 관찰하고 지켜보게 합니다. 또 그동안 해 온 경험과 지금 현재 자신을 지배하는 행동, 생각, 감정에 대해 성찰하도록 권합니다. 3찰 포맷 사고법으로 그런 내용을 쓰며 자신을 지켜보라 합니다.

그렇게 보름, 한 달 시간이 흐르면 예비 저자들은 자신의 생각, 느낌, 행동이 어땠나 파악합니다. 자신에 대해 주의 깊게 살피고 지켜보는 마음의 눈길을 갖습니다. 의식적으로 자신에게 집중하고 의도적으로 지켜보는 이런 시간을 가진 다음, 그들은 이런 감탄을 쏟아 냅니다.

"내가 좀 멋진 사람이네요."

"나는 내가 이런 사람인 줄 꿈에도 줄 몰랐어요."

"진즉에 나를 좀 봐 줄 걸 그랬어요."

한순간이라도 제대로
생각할 수 있다면

미국의 베스트셀러 작가이자 투자자인 팀 페리스. 그는 혁신적인 기업의 CEO와 예술가, 학자 등 자기 분야에서 성공한 '타이탄'들을 만나 인터뷰합니다. 그들이 성공하게 된 요인을 추출하여 소개하면서 그들 모두가 매일 '저널(journals)'을 쓴 것에 주목합니다.

"역사는 매일 저널을 쓴 성공한(그리고 실패한) 사람들의 사례로 가득 차 있다. 마르쿠스 아우렐리우스에서 벤저민 프랭클린까지, 마크 트웨인에서 조지 루카스에 이르기까지."

그가 파악한 것에 따르면 성공한 사람들은 두 가지 이유로 저널을 씁니다. 지금 자신이 처한 상황을 정확히 파악하는 데 도움을 얻기 위해서, 제멋대로 날뛰는 정신을 종이 위에 붙들어 놓기 위해서입니다. 팀 페리스는 성공하고 싶어서 성공한 사람들처럼 저널을 쓰려면 정신과 마음을 살펴 쓰라 합니다.

"저널을 쓴다고 부자가 되거나 승진을 하거나 명예를 얻는 것은 아니지만, 자기 자신을 더 많이 알게 돼 더 좋은 결정을 할 수 있 게 된다."

팀 페리스 그 자신도 마음을 잘 모를 때는 감정에 휘둘리지만 저 널을 쓰며 마음을 찬찬히 들여다보면 정말 내가 무엇을 원하는지 알 수 있다며, 이런 성찰이야말로 성공의 토대가 돼 줬다고 말합니다. 팀 페리스가 말하는 저널은 우리가 아는 일기와 유사한 사적인 글쓰 기의 하나입니다.

—
생각하는 사람은 반드시 쓰고 쓰는 사람은 반드시 생각한다

행동 과학자 조리스 래머스 연구진은 일자리를 구하려는 사람들 을 둘로 나눠 연구합니다. 한 그룹에는 자신이 적절한 교육을 받았고 이 일에 관련된 경험을 했다는 전제를 주고 자신이 능력 있다고 느꼈던 순간에 대해 쓰게 합니다. 다른 그룹에는 자신이 무기력하게 느꼈던 순간에 대해 쓰도록 했죠. 이들이 쓴 지원서를 무작위로 구인자에게 건넵니다. 결과는 어땠을까요?

자신감 넘쳤던 경험을 쓴 그룹이 무기력하게 느꼈던 순간에 대해 쓴 그룹보다 훨씬 더 많은 일자리 제안을 받습니다. 연구진은 같은 상황을 만들어 대면 면접 실험도 했는데, 자신감이 넘쳤던 경험과 함께 스스로 능력 있다고 쓴 그룹의 70%가 합격하고, 자신이 무기력하게 느낀 경험을 쓴 그룹의 26%가 합격합니다.

연구진은 일자리를 얻고 싶을 때는 자신감 넘치는 순간을 써 본 다음 자기소개서를 쓰거나 면접에 임한다면 원하는 일자리를 얻는 데 크게 도움될 것이라고 조언합니다. 그 이유에 대해 연구진은 비록 가상의 설정이지만 강력한 자기 경험을 글로 쓰는 동안 자기 인식을 하게 만드는 성찰을 했기 때문이라고 설명합니다.

"글을 쓰지 않는 사람은 자신이 어떤 사람이 아닌지조차 알지 못한다."

독일 작가 막스 프리쉬는 이렇게 말하며 자신이 누구인지 표현하지 않는 사람은 자신이 누구인지 알 수 있는 기회를 놓치게 될 것이라고 합니다. 이 말은 머릿속, 즉 '폐쇄된 내면의 공간'에서는 자기 인식이 불가능하며 글쓰기가 자기 인식으로 향하는 길을 만들어 준다는 것이죠.

철학자 페터 비에리 역시 자기 삶을 언어로 표현하는 글쓰기를 통해서만 스스로를 정확하게 인식한다고 말합니다. 피터 비에리에 따르면 우리는 글을 쓰기 전에는, 단어와 문장을 구사하는 능력을 갖추기 전에는 내외면 세계에서 일어나는 일들에 무조건적으로 휘말릴 수밖에 없습니다. 즉 우리는 경험 자체가 아니라 경험을 성찰하고 언어화하는 것으로 이해하고 배우기 때문에 글쓰기라는 도구가 자기 성찰에 이르는 거의 유일한 도구라고 단언합니다.

김영하 작가도 거듭니다. 보고 듣고 경험한 것을 제대로 이해하기 위해서는 후에 그것에 대해 쓰거나 말하고 그 글과 말에 대한 사람들의 반응을 접해야 한다고, 그래야 경험이 허공으로 흩어지지 않는다고 말합니다. 그 역시 이런 성찰의 과정은 글쓰기가 아니고서는 불가능하다고 강조합니다.

"우리는 정보와 영상이 넘쳐나는 세상에서 살고 있다. 제대로 보기 위해서는 책상 앞에 앉아 그것에 대해 생각하는 시간이 필요하다. 생각의 가장 훌륭한 도구는 그 생각을 적는 것이다."

세계경제포럼이 제시한 〈일자리의 미래 보고서〉를 보면 향후 5년 동안 기업들은 직원의 역량 가운데 사고 능력을 가장 중요시할 것으로 보입니다. 그런데 기업들이 예측하길 가장 빠르게 중요해질 것으로 생각하는 역량 중 하나가 자기 인식 역량입니다. 그렇잖아도 이미 자기 분야에서 성공한 사람들은 예외 없이 자기 인식 능력이 탁월합니다.

자기 인식이란 자기 자신의 내면에 집중하여 자신의 특성, 행동, 감정, 믿음, 가치관, 동기를 부여하는 것들 등에 대해 살피고 인식하는 것을 말합니다. 자기 인식이 활발해지면 자존감이 높아지고 다른 사람의 의견도 잘 들을 수 있습니다. 자기 인식이 높으면 자제력을 발휘하여 더 나은 결정을 내려 장기적인 목표를 이룰 수 있습니다. 자기 인식이 높으면 직업 만족도가 높아지고 사회생활에서 리더로 활동하기가 수월합니다.

요약하면, 어떤 성공도 자기 인식에서 출발하여 자기 이해를 거쳐 성찰의 경로 없이 불가능합니다. 그리고 자기 성찰은 모든 고차적 사고가 그러하듯 사고의 가시화 전략이 필요합니다. 그래서 많은 전문가가 자기 인식을 시작하는 데 쓰기가 최적이라고 입을 모읍니다. 자신에 대한 생각, 감정 그리고 자신의 행동에 대해 글로 쓰다 보면 자연스럽게 성찰이 일어나기 때문이죠.

비판적 사고 루틴을 3찰 포맷 사고법으로 연습하고 훈련하듯 자기 인식에 도달하는 자기 성찰도 3찰 포맷 사고법으로 연습하고 훈련하면 됩니다.

2,000년 역사
저널링의 힘

유명한 속옷 브랜드 스팽스의 창업자 사라 블레이클리. 그는 미국 경제 전문지 〈포브스〉가 선정한 대표적인 여성 기업가 순위 10위 안에 뽑힐 만큼 유능합니다. 성공 비결을 묻는 질문에 '자신이 겪은 어려움을 기록하고 반드시 그 후의 변화를 함께 기록해 둔다'고 대답하는 것을 봤습니다. 이렇게 쌓인 노트가 20권이 넘는다고요. 그러니 그는 자기 자신에 대한 최고 전문가입니다.

한 리서치 업체가 일본의 3,000여 개 상장 기업 중 300개를 무작위로 골라 사장들에게 저널을 쓰느냐고 묻습니다. 저널을 쓴다고 대답한 사장은 300명. 이 조사로만 봐도 리더들은 과연 자기 인식에 강합니다. 자기 인식은 자신을 관찰하는 데서 시작합니다. 무엇이든 제대로 보려면 잘 봐야 합니다. 잘 보려면 우선은 오래 들여다봐야 합니다. 그토록 바쁜 리더들이 매일 저널을 쓰는 이유가 이것입니다. 뭔가에 대해 쓰다 보면 자연히 자세히 오래 들여다보게 되니까요. 그들이 성공할 수밖에 없는 이유는 쓰면서 성찰하기, 저널링에 있습니다.

매일 저널을 쓴 성공한 리더의 모델은 2,000년 전으로 거슬러 올라갑니다. 2,000년 전 로마 황제였던 아우렐리우스도 저널을 썼습니다.

1. 나는 어떻게 행동했는가를 살피며 자신의 행동을 있는 그대로 인정하기.
2. 내가 원한 결과와 실제로 일어난 일은 무엇인가 돌아보며 자신의 행동이 원하는 결과를 가져오지 않았음을 정확하게 인지하기.
3. 그것을 어떻게 고칠 수 있는가 살피고 대안 찾기.

그는 매일 이 세 항목에 걸쳐 쓰면서 성찰했습니다. 성찰이라는 말은 '뒤집기'라는 라틴어에서 유래합니다. 저널링은 자신의 생각과 행동, 감정에 대해 뒤집어 살피는, 돌아보며 되짚어 가며 그 과정을 글로 쓰며 탐구하는 주의 깊은 작업입니다. 이런 작업을 매일 하면 누구라도 자신에 대한 최고의 전문가가 될 것입니다. 누구라도 자기 자신과 긴밀하게 상호 작용합니다.

—
쓰면 쓸수록
해결된다

리더십 분야의 저명한 전문가인 캐나다 맥길대학 낸시 아들러 교수는 유능한 관리자가 되기 위해서는 성찰과 자기 인식이 중요하다고 강조합니다. 성공하고 싶어 하는 경영자 지망생들이 유능해지려면 어떻게 하느냐고 물으면, 매일 저널을 쓰라 권합니다. 저널 쓰기를 권유하는 것은 글로벌 비즈니스 리더들과 함께 다년간 여러 일을 하면서 겪은 경험에 기반한 것이라고 설명합니다. 규칙적인 저널링은 자기 인식, 공감, 효과적인 의사소통 같은 필수적인 경영자 자질을 함양하는 데 도움을 준다고 강조합니다.

아들러 교수가 자기 인식 및 성찰의 방법으로 저널링을 권유하는 것은 저널링이 관리자가 자신의 생각, 감정, 경험을 탐색할 수 있는 안전하고 사적인 공간을 제공하기 때문입니다. 저널링을 통해 자신의 동기, 편향, 리더십 스타일에 대한 더 깊은 통찰력을 얻을 수 있기 때문이라고요. 매일 저널링 함으로써 자신의 강점과 약점을 확인하고, 자신의 행동에서 패턴을 인식하며, 자신의 행동이 다른 사람에게 어떤 영향을 미치는지 성찰할 수 있다고 저널링을 '강추'합니다. 저널링을 위한 전용 시간을 따로 정하고 편안하고 산만하지 않은 환경을 만들어 루틴으로 만들 것을 제안합니다.

성찰 능력은 업무 성과가 향상되고 원하는 경력에 큰 도움이 되는 일머리를 향상하는 데도 큰 영향을 미칩니다. 《일머리 문해력》에서 소개한 하버드 비즈니스 스쿨 프란체스카 지노 교수의 연구 사례가 있습니다.

지노 교수는 하루 일을 마칠 무렵 15분가량 그날 한 일에 대해 성찰하는 것만으로 이런 기적이 가능하다고 합니다. 지노 교수가 근거로 내세우는 실제 업무 현장에서 진행한 실험 결과를 보면 솔깃합니다. 특정 고객 계정에 대한 교육을 받는 교육생들을 세 그룹으로 나눕니다.

- A 그룹: 교육 기간 내내 마지막 15분 동안 그날 배운 내용을 글로 쓴다.
- B 그룹: A그룹처럼 하되 글로 쓰려는 내용에 대해 동료 교육생과 5분 더 이야기한다.
- C 그룹: 교육만 받는다.

교육 종료 후 결과를 평가하니 성찰하는 글쓰기, 저널링을 한 그룹의 성과가 훨씬 좋았습니다. 단지 교육만 받은 C 그룹보다 교육 후 배운 것을 글로 쓰며 성찰한 A, B 그룹의 성과가 훨씬 좋았는데, C 그룹에 비해 A 그룹은 23%가량, B 그룹은 다른 그룹보다 25% 실력이 더 좋은 것으로 나타났습니다.

지노 교수는 누구든 경험을 글로 쓰며 성찰할 기회를 가지면 자기 효능감이 향상되는 경험을 한다고 부추깁니다. 자기 효능감이 향상되면 무언가를 성취할 수 있다는 자신감을 갖게 되고, 그 결과 자신이 무엇을 하고 무엇을 배우는지에 더 많은 노력을 기울이게 된다는 의미인데요. 성찰 능력을 키우기 위해 한 것이라곤 업무 마감 무렵의 15분 저널링뿐인데 이렇게 일머리를 향상할 수 있다니 더욱 놀랍습니다.

유럽과 미국에서는 저널링이 '표현적 글쓰기'라는 이름으로 정서적 치유에도 활용됩니다. 미국의 심장 전문가 오르니시 교수는 평소 자신에 대한 글쓰기, 저널링을 규칙적으로 하면 스트레스가 줄어들고 심장에 가해지는 부담을 줄일 수 있다는 연구 결과를 발표했습니다.

미국 뉴욕주립대 스토니브룩캠퍼스 의과대학 연구 팀의 연구 결과 또한 저널링이 치유와 질병 예방에 도움된다는 것을 입증합니다. 천식, 류머티스성 관절염을 앓고 있는 환자들에게 사흘 연속으로 각각 20분 동안 글을 쓰게 합니다. 그날의 계획 또는 스트레스받는 사건에 대해 쓰게 한 결과, 실험에 참여한 환자 전부 증상이 나아졌습니다.

미국 텍사스대학교에서는 인간 면역 결핍 바이러스(HIV) 감염 환자들을 대상으로 부정적인 삶의 경험에 대해 글을 쓰게 했는데, 바이러스 수준에서 큰 개선을 보입니다. 연구를 진행한 텍사스대학교 심리학과의 제임스 페니베이커 교수는 실험 결과가 갖는 의미를 이렇게 설명합니다.

"글을 쓰면 그런 불안한 감정에 구조와 조직을 부여할 수 있으며, 이 작업은 불안을 극복하는 데 도움이 된다. 글쓰기를 통해 막연한 불안감을 구체화하고 이를 파악하면서 오히려 불안감이 줄어들 수 있다."

테일러 스위프트와
쇼펜하우어의 공통점

2023년, 세계를 움직인 여성으로 선정된 테일러 스위프트. 하버드에서는 2024년 봄 학기에 '테일러 스위프트와 그녀의 세계'라는 강좌를 개설했습니다. 스탠퍼드도 질세라 그녀의 노래 제목대로 '올 투 웰' 강좌를 개설했죠. 최고 명문 대학들이 다투어 강단에 올리는 '테일러 스위프트의 음악 세계'. 그의 이토록 엄청난 성취는 어디에서 기인할까요? 전문가들은 '개인적인 자신의 경험을 반영하는 곡을 쓴 덕분'이라고 분석합니다.

테일러 스위프트는 이런 곡을 쓸 수 있었던 비결을 이렇게 들려줍니다.

"저널을 쓰며 경험과 감정을 처리하고 그것들을 음악으로 전환한다."

2024년 마스터즈 우승에 빛나는 세계 골프 랭킹 3위 존 람 또한 저널 쓰기로 생각과 감정의 균형을 잡아 경기에 미치는 영향을 최소화한다고 하죠.

전직 미국 대통령 버락 오바마 부부는 저널 마니아입니다. 오바마는 저널을 쓰지 않았더라면 대통령 재직 8년 동안 업무가 주는 중압감에서 놓여나지 못했을 것이라고 토로합니다. 미셸은 자기만의 빛을 가꾸는 데 저널 쓰기가 큰 도움이 된다고 증언합니다.

오프라 윈프리야말로 저널 쓰기로 신난한 삶을 버틸 수 있었다며 '저널링이 사람들이 목표를 세우고 성취할 뿐만 아니라 자신과 감정을 더 잘 이해하는 데 도움을 줄 수 있다'고 말합니다.

까칠한 철학자 쇼펜하우어도 저널링 전도사입니다. 그는 우리가 일상적인 경험을 검토하고 성찰하는 것이 참으로 중요하다고 여겼는데요. 그래야 우리가 경험으로부터 배우고 성장할 수 있기 때문이라고 봤습니다. 그래서 그는 거의 하루도 빼놓지 않고 저널을 썼죠. 무려 1만 페이지가 넘는다고 합니다. 우리가 접하고 퍼뜨리는 쇼펜하우어의 어록 대부분이 그가 쓴 저널에서 솎아 낸 것이라 합니다. 저널을 쓰면 누구나 자신의 생각과 느낌을 기록하고, 그것들을 분석하고, 정보에 근거한 결론을 내릴 수 있습니다.

내가 누구인지, 내가 원하는 것이 무엇인지를 찾고 만들어 가는 데 큰 도움이 됩니다.

—
저널과 일기의 차이점
그리고 3찰 포맷 저널링

저널(journal)은 프랑스 말로 신문이나 잡지의 기사 글, 연구 논문, 일기 등을 포함하는 글쓰기 활동 전반을 뜻합니다. 영어권에서 저널은 사적인 내면의 기록을 말합니다. 미국 초등학교에서는 수업을 시작하기 전 아이들에게 저널을 쓰게 하는데, 이때 저널은 '사회 현상, 자연 현상, 주변에서 일어나는 일, 나의 경험 등에 대한 짧은 글을 쓰는 활동'을 의미합니다.

저널과 비슷한 단어로 '일기(diary)'가 있습니다. 일기 역시 사적인 내면의 기록이지만 이 둘은 좀 다릅니다. 일기가 그날의 일과 경험을 나열한다면 저널은 그중 인상 깊은 하나에 집중합니다. 일기가 잘잘못을 반성하는 기조라면 저널은 생각, 느낌, 행동을 성찰하는 내적인 행위입니다. 일기는 자유롭게 쓰지만 저널은 경험한 것을 관찰하고 성찰하며 통찰하는 구조라야 합니다. 나는 저널을 '특정 이슈에 대해 성찰하며 쓰는 글'로 정의합니다. 저널 쓰기는 경험과 일과 삶을 성찰하여 온전히 자기 것으로 만드는 방법입니다.

저널 쓰기, '저널링'이란 특정 이슈, 즉 인상 깊었던 하나의 글감을 주의 깊게 살피고 파고들며 그 과정에서 일어나는 생각과 느낌, 새로운 발견 등을 포착하는 작업입니다. 저널링은 글감을 파고들면서 이해하고 분석하며 머릿속에 든 생각의 파편과 수집해 둔 관련 자료를 연결하고 종합하여 어떤 새로운 생각이나 가치를 발견하는 작업입니다. 이렇게 작업한 저널은 어떤 한 이슈에 대해 끌어낸 나만의 생각 밑그림입니다.

매일 저널링을 하면 생각을 만들고 끌어내는 작업에 능숙해집니다. 남의 것을 퍼 나르고 베끼고 짜깁기하는 가짜 생각 습관에서 벗어나 나만의 생각, 진짜 생각 만들기를 습관 들일 수 있습니다. 매일 저널링을 하면 나만의 생각을 만들게 되고 나아가 남들과 다르게 생각하는 능력까지 개발됩니다.

내가 진행하는 글쓰기, 책 쓰기 과정에서는 '쓰기'에 앞서 글로 책으로 전할 쓸 만한 생각을 만들기부터 연습합니다. '3찰 포맷 저널 쓰기'라는 이 프로그램은 하버드 비즈니스 스쿨을 따라 하는 것입니다. 하버드 비즈니스 스쿨은 신입생을 선발할 때 면접 후기를 쓰게 하고, 학생들에게 대학원 수업 내내 배운 것과 경험하는 것을 글로 작성하여 제출하게 합니다.

하버드 비즈니스 스쿨이 이런 방법으로 학생들의 성찰 능력을 키워 주듯, 나 역시 3찰 포맷 저널 쓰기 프로그램으로 참가자들의 인지 성찰, 자기 성찰 능력을 키워 주는 한편 의도에 맞게 의미 있는 생각을 만들어 내는 사고 능력을 키우게 돕습니다.

3찰 포맷 저널 쓰기는 하버드에서 만든 사고법, 비판적 사고 루틴에서 착안한 '관찰, 성찰, 통찰' 포맷을 활용하여 저널을 씀으로써 나만의 진짜 생각 만들기를 연습하는 프로그램입니다.

글쓰기 수업, 책 쓰기 수업을 받는 이들은 잘 읽히는 글쓰기, 나아가 돈이 되는 글쓰기를 목표합니다. 이런 글은 남의 생각, 남의 글에 빠져 허우적대는 가짜 생각 습관으로는 절대 불가능하죠. 남들다 하는 뻔한 생각, 평균적인 생각, 기존의 자료를 복붙하고 짜깁기하는 대신 대상을 주의 깊게 살피고 그 과정에서 일어나는 생각, 느낌을 파악하고 그런 후에 일어나는 새로운 깨달음, 발견을 정리하면 그것이 곧 나만의 생각이 됩니다. 3찰 포맷 저널 쓰기는 이런 결과를 보장합니다.

3찰 포맷 저널 쓰기를 글쓰기·책 쓰기 수업의 필수 코스로 만든 것은 OREO 공식 덕분입니다. OREO 공식은 논리적 글쓰기를 돕는 생각의 틀을 말합니다. 이 공식만 활용하면 보고서에서 SNS까지 어떤 글도 쉽고 빠르게 무엇보다 논리 정연하게 쓸 수 있습니다.

OREO 공식 관련 노하우를 담은 책《150년 하버드 글쓰기 비법》이 베스트셀러가 되면서 수많은 강연, 교육, 워크숍을 다녔습니다. 그런데 논리적 글쓰기를 돕는 이토록 쉽고 간단한 도구도 그 안에 담기는 내용에 나만의 생각이 없으면 무용지물임을 깨달았습니다. OREO 공식대로 쓰면 되는 템플릿을 눈앞에 두고도 그 안에 담아낼 거리가 없어 결국 글쓰기가 먹통되는 장면을 수없이 목도했습니다.

붕어빵을 굽는다면서 빵틀에 흘려 부어 구워 내기만 하면 되는 밀가루 반죽, 팥소를 준비하지 못해 그 쉽고 간단한 붕어빵 틀이 아무 소용도 없는 것과 같습니다.

OREO 공식을 활용하여 쉽고 빠르게 글쓰기를 돕겠다는 내 의도가 달성되려면 자기 머리로 자기만의 생각을 만들어 내는 사고력 개발이 시급하다는 것을 확인했습니다. 이때부터 3찰 포맷 저널 쓰기를 모든 글쓰기·책 쓰기 수업에 기본으로 도입하여 생각 만들기를 연습하게 했습니다. 이런 시도를 망설임 없이 할 수 있었던 것은 나자신이 2004년부터 3찰 포맷 저널 쓰기로 소셜 미디어 포스팅을 하며 그 효과를 몸소 체험했기 때문입니다. 여기에 고무되어 중학생아들에게도 임상하여 자신감을 얻은 덕분입니다.

하루 15분
타이탄이 되는 저널 쓰기

3찰 포맷 저널 쓰기는 한마디로 저널링이죠.

3찰 포맷 저널 쓰기, 저널링을 매일 연습하면 나만의 생각을 만들게 됩니다. 체계적이고 짜임새 있게 생각하기가 습관되니까요.

3찰 포맷 저널 쓰기, 저널링을 매일 연습하면 남의 생각, 남의 글에 발목 잡히지 않고 그것들을 활용하여 내 생각을 만들어 냅니다.

3찰 포맷 저널 쓰기, 저널링을 매일 연습하면 무슨 생각이든 척척합니다.

3찰 포맷 저널 쓰기, 저널링을 매일 연습하다 보면 생각의 기미를 포착하고 단서를 파악해 나만의 생각을 완성하는 프로세스가 뇌에 장착됩니다. "네 생각이 뭐야?"라는 말을 들을 때마다 숨고 싶던 '가짜 생각러'에서 "내 생각은 이래" 하는 당당한 사고 능력자가 됩니다.

—

3찰 포맷으로
저널 쓰는 법

3찰 포맷 저널 쓰기, 저널링의 효과는 이렇게 지대하지만 미션은 아주 간단합니다.

'저널링, 3찰 포맷으로 저널을 쓴다.'

이 간단한 미션은 보다 구체적인 세 가지 지침을 포함합니다.

• 매일 저널을 한 편씩 쓴다.
• 하나의 주제에 대해 3찰 포맷으로 쓴다.
• 1,500자 이내로 쓴다.

1. 무슨 내용을 쓸까?

3찰 포맷 저널 쓰기, 저널링 연습은 잊히지 않고 마음에 남아 있는 인상 깊었던 어느 특정한 이슈에 대해 씁니다. 그럼 그 이슈가 담고 있던 특별한 의미나 가치, 깨달음을 발견합니다. 일에 있어서나 내면적인 것, 관계에 있어서나 해결해야 할 문제가 있을 때 문제 상황에 대해 쓰면 문제의 본질을 파악하게 됩니다. 경험한 것에 대해 쓰면 그 경험을 온전한 내 것으로 만들 수 있습니다. 어떤 것에 대해 쓰든 한 가지에만 집중하여 쓰세요.

2. 언제, 어디서 쓸까?

매일 편한 시간에, 단 가급적 정해진 시간에 씁니다. 방해받지 않는 곳이 좋습니다.

3. 어디에 쓸까?

사적인 내면의 기록이니 문을 닫고 쓰세요. 혼자만 보는 워드 파일이나 비공개 버전 SNS에 씁니다. 공개된 곳에서 많은 이가 지켜보는 가운데 쓰는 저널로는 성찰이 일어나지 않거든요.

4. 어떻게 쓸까?

3찰 포맷으로 생각을 만들고 만들어 낸 생각을 서론, 본론, 결론이라는 산문 구조에 맞춰 정리합니다. 분량도 1,500자 내외로 맞추는 연습이 필요합니다. 굳이 1,500자 분량을 제시하는 이유는 내용을 정리하며 더욱 성찰이 깊어지고 인식이 분명해지기 때문입니다. 전달할 내용을 선택하고, 문장 표현과 전달 방법에 대해 더 연구하게 됩니다.

저널을 쓸 때는 3찰 포맷이 요구하는 순서대로 쓰세요. 이 말은 생각을 다 해 놓고, 결론까지 다 정해 놓고 쓰기 시작하는 것이 아니라 이슈 관찰하기를 시작으로 일단 쓰면서 생각을 만들어 가라는 주문입니다. 그래야 제대로 된 생각 만들기가 됩니다.

3찰 포맷 사고법은 관찰에서 성찰, 통찰로 순차적으로 쓰면서 생각을 만드는 것이지만, 대상이나 사안을 주의 깊게 관찰하면 이미 이 단계에서 성찰, 통찰이 다 일어납니다. 그러니 관찰 단락에 온통 주의를 쏟아야 합니다. 관찰 단락을 쓸 때는 그 내용을 정확히 언급하세요. 5W1H로 하나하나 짚으며 점검하세요. 그래야 전에 보지 못한 것이 보이고 전과 다른 것을 보게 됩니다. 만일 어떤 글을 읽고 3찰 포맷 사고법을 한다면 해당 내용을 한 줄 한 줄 주의 깊게 읽어야 합니다. 따라 쓰기 하는 것도 추천합니다. 이러노라면 이 과정에서 반드시 새로운 생각의 기미와 단서가 발생합니다.

5. 어떻게 시작할까?

하루 15분 생각의 변비가 말끔히 낫는 시간. 충분히 충분한 시간을 들이면 더 깊이 있는 생각을 만들어 낼 수 있습니다. 최소 15분이라도 시간을 내세요. 처음에 15분이 불가능해 보인다면 3분만 할애하는 것으로 시작하라는, 어쨌든 시작이 중요하다고 한 낸시 아들러 교수의 당부를 들려드립니다.

글쓰기 수업에서 3찰 포맷 저널 쓰기와 관련해 이런 질문이 참 많습니다.

"무엇을 쓸지 자신이 없어 못 쓰겠어요."

내 답은 이렇습니다.

"무엇을 쓸지 모르니 3찰 포맷 저널 쓰기 하는 것입니다."

무엇을 쓸지 분명하다면 그것은 새롭거나 유용하거나 한 생각이기보다는 알고 있는 것, 기억하는 것을 표현하려는 것일 가능성이 큽니다. 그러니 무엇에 대해 쓰려는지 확실하지 않은 채로 '관찰, 성찰, 통찰' 포맷대로 일단 생각을 만드세요. 그런 다음 쓴 내용을 들여다보며 정리하고 고쳐 쓰다 보면 쓰려는 생각이 그제서야 구체화되고 분명해질뿐더러 이 과정에서 좋은 생각들이 떠오르거나 만들어집니다.

단단한 생각을 만드는
가장 확실한 작업 방식

　세계 명문 대학들과 글로벌 기업들은 지원자를 선발할 때 글쓰기 평가의 비중을 높게 둡니다. 공부를 시켜 보고 일을 시켜 보기 전까지는 지원자들의 잠재력을 알 수 없죠. 하지만 지원자들이 쓴 글에는 언어 능력이 고스란히 드러나기 때문에, 일머리 좋고 공부머리 좋은 사람은 언어 능력이 두드러지기 때문에, 글쓰기로 이런 언어 능력을 측정하기 어렵지 않기 때문입니다. 글을 잘 쓰려면 성찰 능력도 뛰어나야 합니다. 성찰 능력이 뛰어나면 비판적 사고에 능하고 비판적 사고에 능하면 일머리, 공부머리에 대한 잠재력의 증거이니 글쓰기로 지원자를 선발하는 것이 대학이나 기업에 더없이 중요합니다.

글쓰기가 우리나라에서는 의사소통 수단이라는 인식이 유난히 강하지만, 생각을 만들고 촉진하는 데도 글쓰기는 매우 중요한 수단이자 도구입니다. 특히 글쓰기는 생각을 단어와 문장으로 끄집어내 확인하고 대상화함으로서 비판적으로 사고하는 비계의 도구로서는 어떤 방법보다 우선입니다.

—
비판적 사고 루틴
성찰 능력을 키우는 유일한 방법

글을 쓸 때 자신이 무엇을 생각하고 무슨 말을 하고 싶은지 살피고 알아낼 수 없다면, 글로 쓰려는 내용에 대한 성찰과 그런 글을 쓰는 자신에 대한 성찰이 불가능하다면, 내 머리로 생각하여 내 언어로 표현하는 글쓰기는 애초부터 불가능합니다. 읽히는 글이니 통하는 글이니 돈이 되는 글이니 하는 차원은 턱도 없습니다. 읽히는 글, 통하는 글은 의도한 방향대로 상대를 움직여야 합니다. 이런 글을 쓰려면 첫 한 줄을 쓴 직후부터 끊임없이 쓴 것을 돌아보며 모니터링하고 의도에 맞게 생각과 내용을 조정하는 성찰 능력이 반드시 필요합니다.

글을 잘 쓰는 사람은 성찰 능력이 뛰어나고 성찰 능력이 뛰어나야 글을 잘 쓸 수 있습니다. 성찰 능력 없이 글을 잘 쓸 수 없다는 것은 글 잘 쓰기를 연습하면 성찰 능력을 기를 수 있다는 말입니다. 따라서 글쓰기는 성찰 능력을 기르는 드문 방법이기도 합니다. 성찰 능력을 키우는 글쓰기는 의사소통을 위함이 아니라 쓰면서 나만의 생각을 만드는 것을 말합니다.

3찰 포맷 저널 쓰기는 인상 깊었던 하나의 이슈에서 어떤 한 생각의 실마리를 포착하고 그것을 살펴 새로운 일깨움으로 만들어 가는 생각의 과정이자 방법입니다. 이런 과정을 관찰, 성찰, 통찰 각 단계마다 일일이 글로 표현합니다. 그럼 글로 표현한 생각을 대상화함으로써 그 생각의 실마리를 부여잡고 이것을 더 정교하게 섬세하게 그리고 더 단단하게 만들어 갈 수 있습니다. 다양한 경로로 수집한 자료를 읽고 보고 들으며 주의 깊게 살피고 또 경험한 것을 되뇌며 그 과정에서 살피고 어떤 생각이, 느낌이, 질문이, 의문이 일어나는지를 포착하고 그 질문들에 답을 마련하다 보면 거기에서 전에 없던 발견이, 깨달음이 생겨나고 통찰이 일어납니다.

3찰 포맷 저널 쓰기는 이렇게 생각의 단초를 발견하고 키워 가고 다져 가는 작업입니다. 3찰 포맷 저널 쓰기를 연습하면 생각하기에 유창해지고 이렇게 만든 단단한 생각은 누군가에게 전하고 드러낼 때 '~에 대한 내 생각은 이렇다'며 단호해집니다. 3찰 포맷 저널 쓰기로 스스로 만든 단단하고 단호한 생각은 타인의 의견에 대한 두려움을 날려 버립니다. 내 머리로 만든 내 생각을 말하는데 왜 겁이 나고 왜 두렵겠어요?

3찰 포맷 저널 쓰기, 저널링은 생각을 만드는 작업입니다. 쓰면서 생각하는 것이지 독자와 소통하기 위해 글을 쓰는 게 아닙니다. 그런 만큼 3찰 포맷으로 저널을 쓸 때 독자는 저널을 쓰는 자신입니다. 만일 저널을 쓰며 어떤 분명한 의견을 특정 독자에게 어필하려는 동기를 자각하거나 발견하면 생각하기라 아니라 글을 쓰는 것입니다.

나는 무엇을 아는가?
그것을 어떻게 증명할 수 있는가?

예일대 심리학과에 재직 중인 안우경 교수의 강의 'Thinking'은 학생들이 손꼽는 명강의 중의 하나입니다. 학기마다 첫 수업이면 안 교수는 BTS가 춤추는 영상을 몇 차례 보여 줍니다. 그리고 춤을 따라 해 보라 권합니다. 안무를 반복 시청한 학생들은 BTS처럼 춤을 출 수 있다고 대수롭지 않게 여긴답니다. 하지만 아무리 간단한 안무라도 막상 따라 해 보면 녹록지 않죠.

안우경 교수는 어떤 내용을 자주 접해 익숙한 것을 잘 알거나 잘할 줄 안다고 착각하기 쉬운데, 이는 메타 인지가 안되기 때문이라고 알려 줍니다. 메타 인지가 안되면 공부나 일을 망치게 된다고 경고

합니다. 안 교수는 메타 인지 능력을 키우는 방법으로 글쓰기를 권합니다.

"안다고 생각하는 것, 할 수 있다고 생각하는 것에 대해 글로 써보라. 그러면 안다고 한 그것에 대해 아는지 모르는지 알면 얼마나 제대로 아는지 알게 된다."

미국 인공 지능 학회는 AI 발전 가능성의 가장 후반부에 있는 것이 메타 인지이며, 메타 인지는 AI 세대에도 오랫동안 인간 고유의 능력으로 남게 될 것이라고 합니다. 자기 자신에 대해서든 업무 지식에 대해서든 또 사람에 대해서든 메타 인지는 성찰 능력으로 길러집니다. 그러니 성찰 능력을 키우는 관찰, 성찰, 통찰 단계를 좇아 생각을 만드는 3찰 포맷 사고법으로 메타 인지를 키울 수 있습니다. 3찰 포맷 사고법에서 나아간 3찰 포맷 저널 쓰기는 메타 인지를 키우는 데 더없이 좋은 방법입니다.

—
인간 지능 최후의 보루,
메타 인지를 키우는 프로세스

내가 진행하는 글쓰기·책 쓰기 수업은 만들어진 생각을 표현하고 전달하기뿐 아니라 표현하고 전달하기 위한 생각 만들기도 병행합니다. '사고 서술'이라는 방식을 활용하여 책에 담아낼 생각을 만듭니다. 사고 서술이란 생각이나 어떤 사실을 차례대로 말로 글로 표현하는 방식을 말하죠. 서술하기에서 핵심은 어떤 상황의 원인과 결과를 구체적으로 드러내는 것입니다. 3찰 포맷 사고법으로 건져 올린 생각의 단편을 서술한 결과물이 저널입니다. 저널은 3찰 포맷으로 생각을 만들고 이를 산문 형식으로 담아낸 것입니다.

요컨대 저널링은 인간 지능 최후의 보루인 메타 인지 능력을 키우는 거의 최고의 방법입니다. 관찰, 성찰, 통찰 단계별로 쓰면서 생각을 만들어 가야 합니다. 나만의 생각을 만들고 정리하는 프로세스죠. 저널링 프로세스는 3단계로 요약됩니다.

저널링 1단계: 데이터 모으기

어떤 이슈가 마음에 걸렸나요? 하루 종일 오간 크고 작은 이슈들 가운데 왜 하필 그 이슈를 포착했나요? 저널링 첫 단계에서는 이슈에 대한 생각, 행동, 감정을 놓치지 않고 포착하는 데 중점을 둡니다. 관련하여 떠오르는 생각, 느낌, 연상을 단어로 문장으로 잡아 둡니다. 관련 자료도 수집합니다.

저널링 2단계: 3찰 포맷 사고법

3찰 포맷 사고법 워크시트에 로깅한 것들을 정리하며 생각을 만듭니다. 3찰 단계별로 한 줄로 요약한 다음 단락으로 만들어 생각을 정리합니다. 이때는 떠오르는 대로 쓰고 싶은 대로 쓰고 싶은 만큼 씁니다.

저널링 3단계: 저널링으로 생각 정리하기

단계별로 쏟아 낸 내용을 정리합니다. 인과 관계를 고려하여 서술합니다. 최종적으로 산문 양식의 기본인 서론, 본론, 결론 구조로 생각을 완성합니다. 이렇게 생선된 저널은 아이디어의 초안쯤 됩니다. 다른 사람과 공유할 만한 수준의 아이디어로 발전시키기 직전의 단계죠. 이렇게 만든 저널을 다른 이와 공유할 계획이라면 글쓰기 단계로 넘어가 논리 정연하게 생각을 보완하고 수정해야 합니다.

"언제 어디선가 주위들은 조각난 말과 생각의 찌꺼기들을 되풀이하는 자괴감의 일상에서 벗어나 큰 관심과 넓은 시야로 세상과 자기 자신에 대해 이야기할 수 있어야 비로소 교양인이다."

철학자 페터 비에리의 말입니다. 3찰 포맷 사고법으로 만든 생각을 저널로 만들 때 주의해야 할 것은 자신의 언어로 표현하고 드러내야 한다는 것입니다. 3찰 포맷 사고법으로 생각을 만드는 단계에서는 남의 생각, 남의 글이 드나들 수 있습니다. 하지만 저널로 변환할 때는 자신의 언어로 표현해야 합니다. 그래야 남의 생각의 지배에서 벗어날 수 있습니다. 자기 머리로 만든 생각이 남의 언어로 표현될 리 없습니다. '3찰 포맷으로 만든 생각은 자신의 언어로 표현하고 드러내야 한다'는 조언은 하나 마나 한 말 같습니다.

저널을 쓰기 위한
아이디어

하버드 비즈니스 스쿨 교수 테레사 에머빌은 일터에서 쓰는 워크 저널(업무 일지)이 업무 성과 향상에 미치는 영향력을 연구합니다. 10년간 여러 기업의 구성원에게 받은 1만 2,000건의 워크 저널을 통계적으로 분석했는데요, 그 효과가 상당합니다.

매일 워크 저널을 쓰면 그날 어떤 일을 얼마나 어떻게 수행했는가를 돌아보고 점검하게 되어 일에 대한 주도권을 유지할 수 있습니다. 워크 저널이 의사 결정을 할 수 있는 데이터를 제공하여 의사 결정 피로를 줄여 줍니다. 워크 저널을 쓰다 보면 중요한 일과 급한 일에 대한 우선순위를 정할 수 있어 생산성이 높아지고, 워크 저널을 쓰며 일하는 동안 일어나는 불미스러운 일이나 일의 수행에 대한 평가 등 염려되는 상황을 해소하는 이점도 있습니다. 무엇보다 워크저널에는 담당 업무에 대한 진전과 업무 시간, 피드백 여부 등의 데이터가 쌓여 업무 성과를 향상시킬 수 있습니다. 결과적으로 자신의 업무 스타일을 개선할 수 있습니다.

같은 대학 프란체스카 지노 교수도 실제 업무 현장에서 진행한 실험 결과를 토대로 이런 주장을 합니다.

"일을 마칠 무렵 15분가량 그날 한 일에 대해 숙고하는 시간을 가지면 업무 성과가 향상되고 원하는 경력을 만드는 데 큰 도움이 된다."

—
전문가가 뽑은
저널링 질문

당신도 저널링으로 일터에서 업무 성과를 향상하고 궁극적으로 원하는 성공을 만들어 보세요. 여기 잘 만들어진 저널링 질문을 공유합니다. 잠자는 머릿속을 일깨울 방아쇠 질문입니다.

질문들에 답하고 그 과정을 3찰 포맷으로 정리하세요. 관찰 단락에 질문에 대한 답을 쓰고, 성찰 단락에 주제에 대한 답을 쓰며 느낀 생각, 감정 등에 대해 쓰고, 통찰 단락에 이 작업을 통해 새롭게 발견한 것, 깨달은 것들에 대해 씁니다. 관찰, 성찰, 통찰 단락으로 정리한 내용으로 저널을 완성하세요.

1. 맥길대학 교수 낸시 아들러의 질문

낸시 아들러 교수가 경영자들에게 제시하는 저널링 주제용 질문입니다.

- 지금 기분이 어떤가?
- 자신의 리더십에 대해 어떻게 생각하는가?
- 지난 24시간 동안 떠오른 가장 기발한 아이디어는 무엇인가?
- 이번 주에 알게 된 사람이나 기업에서 가장 흥미로운 것은 무엇인가?
- 이번 주에 자신이나 부하 직원의 행복을 위해 공헌한 일은 무엇인가?
- 이번 주에 나를 행복하게 해 준 것은 무엇인가?
- 어떻게 하면 내가 더 행복할 수 있는가?
- 내 인생에서 더 행복하려면 어떻게 할 수 있는가?

2. 하버드경영대학원 교수 테레사 에머빌의 질문

- 오늘 배운 한 가지(또는 많은) 교훈은 무엇인가?
- 오늘 또는 이번 주에 어떤 잠재적인 도전을 준비해야 하는가?
- 오늘 내 일에 대해 칭찬하거나 비판한 사람이 있는가? 구체적으

로 그들이 뭐라고 하던가?

- 요즘 직장 생활이 어떤가? 그 이유는 무엇인가?
- 일하면서 당신이 감사하게 여기는 것이 무엇인가?
- 오늘 당신이 성취한 한 가지 큰일은 무엇인가?
- 오늘 당신의 경력을 가속화하는 데 도움이 되는 중요한 업무에 시간을 할애했는가?
- 오늘 기본적으로 해야 할 일 외에 어떤 일을 했는가?
- 이번 주에 할 일 목록의 우선순위는 어떤 기준으로 정하는가?
- 업무 성과를 위해 개선하고 싶은 것은 무엇인가?
- 30, 60, 90일 목표를 세웠는가?
- 어떻게 추적하는가?

3. 맥킨지의 질문

앞서 맥킨지에서 자기 인식을 발달시키려면 자기 인식 프로파일을 만들 것을 권유한다는 내용을 공유했습니다. 여기 자기 인식을 가능하게 하는 대표적인 질문들입니다. 이 주제로 저널을 써 보세요.

- 무엇이 당신을 기분 좋게 만드는가?
- 무엇이 당신의 에너지를 고갈시키나?
- 당신의 장점과 초능력은 무엇인가?
- 당신의 단점은 무엇인가?
- 당신이 칭찬받는다면 어떤 이유인가?

- 보상이 없어도 즐겁게 행하는 것이 있는가?

- 최근에 무엇을 배웠는가?

- 당신이 가장 생산적이라고 느낄 때는 언제인가?

- 당신의 가장 큰 도전과 두려움은 무엇인가?

- 두려움에 맞서기 위해 어떤 일을 하는가?

- 당신에게 가장 중요한 것은 무엇인가?

- 그 중요한 것들에 얼마나 시간을 집중하는가?

- 나의 자기 인식 프로필에서 가장 우선적인 가치는 무엇인가?

- 그 가치는 함께 일하는 다른 동료들과 어떻게 조화를 이루고 시너지를 창출하는가?

- 나의 자기 인식 프로필 중에서 내가 가장 자신 있게 사용할 수 있는 능력은 무엇인가?

- 그런 능력을 최대한 드러낼 수 있는 환경과 조건은 무엇이고 언제인가?

- 나의 자기 인식 프로필의 한계를 넘어서 더욱 성장할 수 있는 방법은 무엇인가?

- 그것을 위해 어떤 노력을 하고 있는가?

7교시

당신의
생각을
어떻게
실현하는가?

내 걱정은 아들이 배운 모든 것을 오랜 시간 고민하여 자기 것으로
만들 수 있게 해 주는 것이지.

-괴테가 아들 아우구스트에 대해 크레벨에게 쓴 편지

실현할 수 없는 생각은
모두 허상이다

전략 컨설턴트나 MBA 출신이 엄청난 급여를 받는 것은 문제 해결 능력이 뛰어나서고, 문제 해결 능력은 비판적 사고력으로 구동됩니다. 그들이 다들 부러워하는 고액의 대가를 받는 것은 자신의 문제 해결 능력을 입증한 이후이며, 입증은 최종 결과물인 보고서로 이뤄집니다. 컨설팅 최종 보고서가 클라이언트에 환영받지 못하면 문제 해결 능력이 얼마나 대단하든 비판적 사고 능력이 얼마나 탁월하든 더는 의미 없습니다.

크든 작든 또 어떤 방식으로 일하든 일터에서도 대부분의 업무가 당면한 문제를 해결하는 것이며, 이런 능력은 비판적 사고 능력을 발휘한 결과이고, 그 결과물 즉 지적 생산물로 평가받고 검증받습니다. 지적 생산물이란 비판적으로 사고하여, 즉 의도한 대로 의식적으로 사고하여 만든 의미 있는 결과물입니다. 예컨대 새로 개발한 아이디어, 기획안, 고객 관계 개선안 결과물은 지식 콘텐츠로 인정받습니다.

지식 사회에서는 지식 콘텐츠가 일의 성과를 좌우하는 만큼 이런 결과물을 만들어 내는 지적 생산 능력이 탁월한 사람이 일터에서 잘 쓰입니다. 지적 성과가 높아야 경쟁력이 두드러지고 시장 가치도 높아집니다. 고용되어 일하든 자기 일을 하든 다를 바 없습니다. 아니, 회사를 떠나 각자도생하는 개인일수록 문제 해결 능력의 지표인 지적 성과가 생존을 좌우합니다.

—
비판적 사고력의
궁극 목표

"원래 비즈니스맨이 만들어 내는 지적 생산물은 상품이자 오디션이다."

일본의 생산성 컨설턴트인 야마구치 슈가 한 말입니다. 경제적인 가치를 발휘하는 지적 생산물을 내놓을 때 직장인이라면 급여를 받을 수 있고 프리랜서라면 대가를 받을 수 있다고 단언합니다. 수준

높은 지적 생산은 개인의 마케팅 활동일 수밖에 없다고 강조합니다. 결론적으로 경쟁력 있는 지식 콘텐츠는 내 머리로 스스로 생각할 때 가능합니다. 그러려면 남들이 보지 못한 것을 보고 남들과 다른 것을 보고 그런 단서를 토대로 더 깊게 더 폭넓게 전략적으로 생각해야 합니다. 무엇보다 비판적으로 사고해야 합니다.

요리 업계에 입문한 이들은 양파 썰기부터 합니다. 양파 썰기는 칼을 잘 쓰기 위한 연습 방법이죠. 망치질도 배워 두면 망치를 잘 사용할 수 있습니다. 칼질이든 망치질이든 배우고 연습하는 이유는 칼 쓰기, 망치 다루기 그 자체에 있지 않습니다. 안전하고 빠르게 요리 준비를 하기 위해 능숙한 칼질을 해야 하고, 원하는 곳에 빠르게 못을 박기 위해 능란한 망치질이 필요합니다.

비판적 사고력은 의도한 대로 의미 있는 결과를 만들기 위해 요구되는 일련의 의식적인 사고 과정입니다. 합리적이고 생산적인 사고를 하기 위해 또 디지털 대전환이 이뤄진 이 시기에 일과 삶에 필요한 성과를 내기 위해 사용되는 도구이자 수단입니다. 칼질과 망치질을 배우는 원래 목적이 있듯 비판적 사고력 또한 그런 이유를 너머 궁극의 목표를 달성해야 합니다. 비판적 사고력이 가능하다면 의도한 대로 의미 있는 결과물을 만들어야 하고 그 결과물을 사용하거나 활용하여 성과를 낼 차례입니다.

비판적으로 사고하는 능력은 지적 성과를 낼 때 비로소 완성됩니다. 3찰 포맷 사고법으로 만든 생각의 결과물인 지적 생산물을 지식 콘텐츠로 완성하여 성과를 내는 것까지가 비판적 사고의 여정입니다. 지식 콘텐츠란 이미 우리가 일터에서 늘 하는 소통, 보고, 미팅에 필요한 문서와 자료입니다. 보고서나 기획안 작성, 이메일 소통, SNS 포스팅, 인트라넷 게시글 등이죠. 일터 밖 일상에서도 비판적 사고 능력을 발휘하여 만든 지식 콘텐츠는 유튜브, SNS 등 여러 매체를 통해 공유되고 영향력이라는 자산을 갖게 합니다,

3찰 포맷으로 비판적 사고에 기초한 생각을 만들고 이를 다듬고 정리하여 저널을 완성하고 이 저널을 지식 콘텐츠로 만드는, 비판적 사고 최종 단계를 안내합니다.

비판적 사고력의
종착지

　오랫동안 일하는 사람은 화이트칼라이거나 블루칼라, 즉 사무직이거나 현장직이거나 딱 두 부류였습니다. 지식 사회로 이행하면서 '크리에이티브 클래스'가 등장합니다. 창조적 전문성을 지닌 지적 노동자예요. 크리에이티브 클래스에 속한 사람들은 새로운 자연환경 '디지털네이처'에서 자기만의 지적 생산으로 자기만의 가치를 만들어 냅니다. 그 결과 상상 속에서만 존재하던 마법이 속속 실현되죠. 일개 개인이 지적 생산으로 세상에 마법을 건 것입니다. 이런 변화를 두고 일본의 혁신가 오치아이 요이치 선생은 말합니다.

"지적 생산에의 리스펙트가 이노베이션의 원천이다."

지적 생산이 새로운 아이디어나 기술의 창조로 이어지는 만큼 지적 생산에 공을 들여야 한다는 의미겠죠. 요이치 선생의 말에 귀가 번쩍 뜨이는 것은 지적 생산이라는 마법이 개개인 누구나 가능하며 비판적 사고에서 시작하기 때문입니다.

하버드식 생각하는 힘, 비판적 사고력의 종착지는 일머리를 증명하는 지식 콘텐츠 만들기 입니다. 비판적 사고를 통한 문제 해결 능력과 성과가 교체하는 지점에 지식 콘텐츠가 놓입니다. 지금껏 우리는 3찰 포맷 사고법을 기반으로 비판적 사고력 키우기를 배웠습니다. 3찰 포맷 사고법으로 우리 뇌에 장착된 비판적 사고 루틴이면 지식 콘텐츠 만들기도 거뜬합니다. 쓰면서 생각하기와 5W1H 도구, 쓰면서 성찰하는 저널링 기법을 활용하고 여기에 논리적 완성도 높은 지식 콘텐츠 프로토콜인 OREO 공식을 보태면 경쟁력 있는 지식 콘텐츠 만들기도 시간문제입니다.

지금까지 배운 비판적 사고의 여러 차원이 바로 지식 콘텐츠 만들기 레시피입니다. 지식 콘텐츠는 4단계로 이뤄집니다.

1단계: 비판적으로 사고하기(3찰 포맷 사고법)
3찰 포맷 사고법으로 의도에 맞는 의미 있는 결과물을 만듭니다.

2단계: 논리성 점검하기(5W1H)

1단계에서 만든 결과물이 논리적인지 타당한지 합리적인지 5W1H 도구로 점검합니다.

3단계: 설득력 강화하기(OREO 공식)

결과물이 탄탄한 설득력을 지니도록 보완합니다. OREO 공식을 활용하면 틀림없습니다. 3단계까지의 과정을 거치면 어느새 지식 콘텐츠가 완성됩니다.

4단계: 지식 콘텐츠 완성하기(비판적 사고 루틴)

최종적으로 5W1H로 점검한 다음 보고, 발표, 회의 등 다양한 일의 맥락과 매체 특성에 맞게 가공하여 활용합니다.

—
3찰 포맷 사고법과
OREO 공식 융합하기

비판적으로 사고한다는 것은 당면한 문제를 해결하는 아이디어를 만들어 내는 능력을 가졌다는 증거입니다. 아이디어를 만드는 과정이 녹록지는 않지만 이렇게 만든 아이디어를 다른 이와 공유하여 그로 하여금 내가 의도한 대로 행동하게 만드는 과정은 더욱 어렵습니다. 협업을 끌어내려면 지식 콘텐츠를 소통 가능한 완전체로 만들어야 합니다. 공유할 만한 지식 콘텐츠를 완성하려면 의견을 명료하게 하여, 즉 아이디어를 주장하고 이를 뒷받침하는 다양한 근거를 세워 설득력을 높여야 합니다.

이 단계에서 지식 콘텐츠 시제품 프레임워크를 사용하여 사전 점검합니다. 아직은 의견일 뿐이지만 시제품을 만들어 보면 완성도와 설득력을 판단할 수 있습니다. 의도를 달성하는 지식 콘텐츠에 요구되는 요소들을 점검하고 누락분을 채우고 불필요한 요소를 제거하며 완성도를 높여 갑니다.

OREO 공식은 대표적인 지식 콘텐츠 시제품용 프레임워크입니다. OREO 공식은 핵심을 빠르게 전달해 의도한 반응을 빠르게 얻어 내는 논리적 사고를 위한 프로토콜입니다. 앞서 마련한 생각의 결과물을 OREO 공식의 단 4줄로 정리하면 설득력이 탄탄해집니다.

Opinion	의견을 주장한다	관찰
Reason	이유와 근거를 댄다	성찰
Example	예들 들어 설명한다	통찰
Opinion	의견을 강조한다	

가만히 들여다보면 3찰 포맷 사고법과 OREO 공식은 다르지 않습니다. 팩트와 사례를 관찰하고, 이유과 근거를 대면서 생각을 파고들고, 어떤 의미나 가치를 끌어내 통찰한 바를 주장하고 강조하기가

같은 맥락입니다. 3찰 포맷 사고법으로 생각을 만든 다음 여기에 객관적인 이유와 근거, 예시들로 설득력을 더하고 구체적인 방안을 제안하면 곧 OREO 공식이 완성됩니다.

지적 생산자가 무조건
피해야 하는 표현 습관 세 가지

AI의 미래에 대한 의견은 분분하지만 이 한 가지 사실에는 거의 같은 목소리입니다.

'인공 지능에 대체되지 않으려면 스스로 생각할 줄 알아야 한다.'

자기 머리로 생각하는 사람은 비판적 사고가 가능한 사람이고, 비판적 사고가 가능하면 자기 생각을 자기 언어로 표현할 줄 압니다. 많이 읽고 많이 공부한 사람 중에 자신의 언어로 표현할 줄 모르는 사람이 많은 것은 스스로 생각하기가 잘 안됐기 때문입니다.

"글을 잘 쓴다는 건 생각을 잘한다는 것이다. 전달할 가치가 큰 것을 생각하고 실제로 전달할 수 있다는 뜻이다."

이렇게 말한 것은 철학자 니체. 다른 철학자 쇼펜하우어는 '글쓰기 스타일은 정신의 관상'이라 주장합니다.

"자기 머리로 생각하지 못하고 책을 많이 읽기만 하다 보면 정신의 탄력을 빼앗긴다. 학식을 쌓을수록 대부분의 사람이 원래의 자신보다 더욱 우둔하고 단조로워지며 저작은 실패로 돌아간다. 이는 자기 생각 없이 입력한 결과다."

읽든 쓰든 그 중심에는 비판적 사고가 있습니다. 비판적으로 생각할 수 있다면 나만의 생각이 가능하고, 나만의 생각을 할 수 있다면 내 언어로 표현 가능합니다. 역으로 내 언어로 표현하기는 내 생각일 때 가능합니다. 다시 역으로 내 언어로 표현 가능하면 그것은 내 머리로 생각한 내 생각임에 틀림없습니다. 내 머리로 생각하고 내 언어로 쓰려면 수만 가지 기술, 방법, 노하우가 필요합니다.

그런데 지적인 고성과자, 사고 능력자는 다음 세 가지는 무조건 피합니다. 이것만 피해도 내 언어로 표현하기 수월하고 내 머리로 생각하기가 수월합니다.

유행어를
쓰지 말 것

투자 전문가 피터 틸은 스타트업이 실패할 운명이었음을 미리 보는 주요 지표 중 하나로 창업자가 유행어로 말하는가를 봅니다.

"만약 당신이 무엇을 하고 있는지 간단한 말로 설명하지 못한다면 당신은 무엇을 하고 있는지 모른다."

유행어는 사고력 부족의 가장 확실한 신호라고 주장합니다. 그가 말하는 유행어란 자주 사용되지만 명확한 의미가 부족한 단어나 문구를 지칭합니다. 그는 유행어를 입에 올린다는 것은 자기 말로 설명할 줄 모른다는 것이며 이는 자기 머리로 생각할 줄 모른다는 증거라고 확신합니다.

"유행어를 사용하는 사람들은 그들의 지식으로 여러분에게 깊은 인상을 주려고 노력하지만, 그들은 사실 그들이 무엇에 대해 이야기하는지 모릅니다."

피터 틸은 창업자가 유행어로 말하는 스타트업에는 투자하지 말라고 조언합니다. 대신 비즈니스 모델에 대한 설명이 명확하고 간

284 — 150년 하버드 사고력 수업

결한 기업이 성공 가능성 높으니 이들 기업을 찾아 투자하라고 알려줍니다.

유행어는 귀에 익고 입에 익어 가져다 쓰기 십상입니다. 유행어는 당신의 생각이 아닙니다. 부득이한 경우가 아니라면 유행어는 쓰지 마세요. 유행어는 생고등어 같아서 신선도가 오래 가지 않고 금방 상하죠. 그래서 유행어에 담아 표현한 당신의 생각도 상한 생고등어처럼 버려집니다. 은어나 전문 용어를 쓰는 것도 유행어만큼이나 당신의 생각의 질을 떨어뜨립니다. 그러니 쓰지 마세요.

—
두루뭉술
쓰지 말 것

스탠퍼드 디자인 스쿨에서 가장 인기 있는 강의인 '인생 디자인 프로그램'을 진행하는 빌 버넷과 데이브 에번스 교수. 이 수업에서 제시하는 인생 디자인에 관한 많은 아이디어와 도구는 거의 '쓰기'로 이뤄지는데요. 이 과정에서 두 사람은 만족스러운 삶과 성공적인 경력 관리를 성취할 수 있는 방법으로 피드백 일기 쓰기를 제안합니다. 일상의 활동들을 매일 기록하기가 핵심인데 단 하나의 규칙만큼은 반드시 지켜야 합니다.

'가능한 한 구체적으로 쓴다.'

상세한 표현은 자기 인식을 드높이기 때문이라 하는데요, 예를 들면 이렇습니다.

'직원 회의: 오늘 즐거웠음.'

이라고 간략하게 쓰는 대신 이렇게 써야 합니다.

'직원 회의: 존이 한 말을 내가 다른 식으로 고쳐 말하자 참석자들이 박수를 치며 좋아했다. 그래서 참 즐거웠다.'

대개는 추상적인 표현일수록 두루뭉술합니다.

"풀꽃은 자세히 보아야 오래 보아야 사랑스럽다."

이 표현에 담긴 생각과 다음과 같이 표현한 생각의 차이를 살펴보세요.

"풀꽃은 서서 보면 신생아의 새끼 손가락 손톱처럼 작아서 색만 보인다. 허리를 굽히고 무릎을 꿇고 절하듯이 들여다보면 그 작은 꽃 한 송이에 몇 장의 꽃잎이 보이고 수술도 보이고 꽃잎의 반점도 보이고 솜털도 보인다. 그 작은 한 송이에 한 우주가 담긴 것 같아 예쁘

다를 넘어 경외감이 든다."

가능한 한 섬세하게 상세하게 표현하세요. 그럼 대상을 바라보는 인식이 바뀌고 그럼 생각이 바뀝니다. 그럼 사고력이 한층 향상됩니다.

—
뻔하게
쓰지 말 것

강연에서 어떤 내용에 대해 제법 시간을 할애하고 땀이 맺힐 만큼 설명했는데 '그거 이거 아녜요?' 하는 한마디가 들리면 기운이 쫙 빠집니다. 예를 들어 어느 강연장에서 내가 "나는 새벽에 일어나서 원고를 쓰는데 어제 쓰던 것을 이어 쓰려는 생각에 눈이 저절로 떠집니다. 나를 설레게 하는 주제로 글을 쓰면 이런 기적 같은 일도 일어납니다"라고 말했더니 누가 한마디 거듭니다.

"열정적이시네요."

나는 말문이 탁 막힙니다. 내가 전한 내용이 열정에 관한 것은 아니거든요. 그렇게 표현한 이는 '열정'이라는 그릇에 별의별 것을 다 담습니다. 부지런을 떨어도 열정이고 새벽에 일어나도 열정이고 포기하지 않아도 열정입니다. 이 사람은 이렇게 대강대강 표현하고 당

연히 그가 생각하는 방식도 대강대강입니다. 사람은 언어로 사고하
니까요.

아는 단어 몇 개를 돌려 쓰며 상투적으로 표현하는 사람은 대개 생
각도 상투적입니다. '가' 하면 '나'가 튀어나오고 '다' 하면 '라'가 튀어
나옵니다. 상투적으로 표현하기가 습관 들면 신박한 생각이 나올 리
없지만 설령 당신의 생각이 아무리 신박하더라도 상대는 뻔하게 받
아들입니다. 그 말에 어떤 의미를 담든, 상투적 표현은 의미조차 진
부하게 만듭니다. 전문가들은 상투적 표현을 하는 게 게을러서라고
하지만 나는 보다 근본적으로 자존감이 부족해서라고 생각합니다.
아니, 내 생각을 왜 남이 쓰던 그릇(언어)에 담나요?

글쓰기 수업에서 써내는 글들은 참 낯익습니다. 어디선가 본 듯하
고 어디선가에서 읽은 듯 합니다. 글쓴이도 '내 글'인 줄 알지만 알고
보니 '남의 글'인 경우가 대부분입니다. 이때마다 나는 피드백합니다.

"당신의 머릿속에서 나온 당신의 말로 다시 쓰세요."

당신의 생각이 새로운 것이라면 기존의 표현이 아니라 새로운 단
어에 담으시라 권합니다. 특히 남이 자주 사용하여 그 사람의 지문
이 묻은 단어나 문장은 쓰지 마시라 신신당부합니다.

콘텐츠 소비자에서
콘텐츠 소득자 되기

"자르고 붙이는 작업은 물론 웹 2.0 세상에서 식은 죽 먹기나 마찬가지다. 구글 같은 검색 엔진은 젊은 세대를 지적 절도광으로 만들었다. 이 절도광들은 '컷 앤드 페이스트(cut-and-paste)' 기술로 다른 사람의 작품을 멋대로 '리믹스(remix)'해 놓고 그것이 자기 작품이라고 주장한다."

이렇게 말한 사람은 실리콘 밸리의 기업가이자 작가인 앤드류 킨입니다. 그가 쓴 책《인터넷 원숭이들의 세상》에 나온 것입니다. '복붙했을 뿐'인 내용물을 소셜 미디어에 버젓이 올려 자신의 콘텐츠인

양 자기 머리로 생각한 결과물인 듯 버젓이 자랑하는 것을 비꼬았
죠. 이런 이들을 '인터넷 원숭이'라고 놀리는 이 책은 2010년에 출간
됐는데요, 지금은 인터넷 원숭이가 얼마나 더 많을지 짐작하고도 남
습니다.

지금은 콘텐츠로 돈 버는 시대. 대부분의 인터넷 원숭이들이 남의
것을 복붙하여 콘텐츠를 만드는 사이 남의 생각, 남의 글에서 내 생
각, 내 글을 만드는 크리에이터도 있습니다. 전자는 콘텐츠 생산자
의 탈을 쓴 콘텐츠 소비자입니다. 후자는 콘텐츠로 돈을 버는 소득
자죠. 읽은 글, 읽은 책으로, 즉 남의 생각으로 돈을 버는 지적 성과
자들은 3찰 포맷 사고법으로 자기 생각을 만들 줄 압니다.

1. 관찰
이런 글 읽었어. 특히 이 부분이 인상적이었어.
→ 남의 생각 요약 정리, 해설, 해석, 주관 금물.

2. 성찰
읽다 보니 이런 생각, 느낌이 드네. 그러자니 전에 알던 것과도….
→ 내 생각, 내 느낌.

3. 통찰
아하, 이런 건가? 저런 건가? 그래서 그랬구나.

→ 새롭게 발견한 내 생각과 아이디어, 느낌 정리.

인터넷 원숭이처럼 남의 생각을 복붙하는 작업을 매일 습관적으로 해 온 사람들은 3찰 포맷 사고법이라는 간단한 공식을 사용하여 내 생각을 만드는 데 절절 맵니다. 그들이 '1일 1챌린지'라며 매일 해 온 작업이 남의 생각을 내 생각인 줄, 남의 글을 내 글인 줄 착각하기를 강화하는 것이었으니까요.

이 습관은 3찰 포맷 사고법으로 내 생각 만들기를 연습하는 글쓰기 수업에서 아주 큰 걸림돌입니다. 특히 글이나 책을 읽고 내 생각 만들기를 할 때 다들 곤욕스러워 합니다. 거의 예외 없이 복붙 습관이 발휘되거든요. 원래의 글에 쓰인 내용을 발췌하거나 인용하여 연결한 것을 관찰했다고 우깁니다. 남의 생각을 나열했을 뿐인데요.

성찰 단락에서도 앞에 쓴 것을 확인하고 강조하는 내용입니다. 그래 봤자 남의 생각을 강조하고 확인해 주는 작업이죠. 마지막까지도 남의 생각을 강조합니다. '내 생각도 같아!' 하면서요. 결과적으로는 3찰 포맷으로 내 생각 만들기를 한 것이 아니라 세 차례나 걸쳐 남의 생각, 남의 글을 내 생각, 내 글인 줄 내세웁니다.

1. 발췌, 인용, 연결
이런 걸 읽었어.
→ 남의 생각 나열, 정리.

2. 강조, 확인

이렇다는 거잖아.

→ 남의 생각 강조.

3. 재차 강조, 주장.

나도 그렇게 생각해!

→ 남의 생각에 편승.

—

복사, 자르기, 붙이기 하지 않는
당당한 콘텐츠 생산자 되기

3찰 포맷 사고법이면 콘텐츠 소비자에서 콘텐츠 소득자로 변신 가능합니다. 3찰 포맷 사고법을 활용하면 남의 생각, 남의 글에서 시작하여 결국 내 생각을 만들어 냅니다. 내 머리로 내 생각 만들기는 남의 생각을 내 생각인 줄 착각했다는 것을 알아차리는 데서 시작합니다. 남의 글은 내 글이 아니라는 것을 인정하는 데서 시작합니다. 비판적 사고 루틴이 작동하는 거죠. 남의 글을 읽고 내 생각을 만들 때는 다른 경우보다 더욱더 관찰 단락에 주의를 기울이고 공을 들여야합니다.

관찰 단락은 '이런 글 읽었어. 이런 내용이래' 지나치듯 힐끔 살피는 정도로는 안 됩니다. 왜 그 글이나 그 책을 읽었는지, 어떤 점이 인상적이었는지, 특히 어떤 부분이 어떤 단락이 인상적인지를 짚어야 합니다. 그런 다음 인상 깊었던 부분을 사실 위주로 요약 정리합니다. 정리를 할 때는 사실 위주인 만큼 해설, 해석 같은 내 의견을 넣지 않습니다. 이렇게만 해도 머릿속에서 뭔가 꿈틀꿈틀 마음에서도 뭔가가 스멀스멀 올라옵니다. 생각해 볼 만한 기미와 단서가 포착되는 것인데요. 혹은 전에 읽은 어떤 것, 전에 알던 것, 경험한 것이 떠오르기도 하겠죠. 이런 내용으로 성찰 단락을 쓰는 겁니다.

관찰 단락에 쓴 것을 다른 표현으로 다시 쓰거나 부분부분 짜깁기하는 것은 성찰이 아닙니다. 여전히 남의 생각에 빠져 있다 보니 내가 생각한 줄 착각하는 것입니다. 그러다 보면 어느새 '아하, 이 글이나에게 인상적으로 다가왔던 이유는 이것이구나' 하는 생각이나 전에 몰랐던 새로운 것을 발견하게 됩니다. 만일 관찰에 몰두하고 성찰에 집중했는데 이런 발견이 없다면 단언컨대 관찰에 몰두하지 않았거나 여전히 복붙했기 때문일 겁니다. 남의 생각에서 빠져나오지 못하고 생각한 척 착각하는 거죠. 여전히.

인터넷에는 남의 글, 남의 책을 읽고 내 생각, 내 글을 만들어 파는 사람이 많습니다. 하지만 비교가 안 될 만큼 많은 사람이 남의 글, 남의 책을 읽고 내 생각인 줄 내 글인 줄 복붙합니다. 당신은 어느 쪽이 되고 싶은가요?

비판적으로 사고하는 용기, 습관
그리고 변화를 응원하며

챗GPT 출시 N년 차, 당신이 이 대목을 읽는 때가 언제든 생성형 AI 관련 뉴스는 이렇게 마무리됩니다.

"아직 놀랄 때가 아니다. 본 게임은 이제부터 시작이다."

2022년 말, 하버드대학 글쓰기 센터 제인 로젠츠바이크 소장은 챗GPT가 공개된 직후인 그때 한 빅 테크 회사의 연구원에게 이런 말을 듣습니다.

"작가가 되기를 원하지 않으면 아무도 글쓰기 수업을 받지 않을 것입니다. 앞으로 2년 안에 그렇게 될 것입니다."

이 말을 들으며 제인 로젠츠바이크 소장은 놀랍니다. 그가 놀란 이유는 '그럴지도 모르겠다'며 그의 말을 은연중에 믿어 버리는 자신을 발견했기 때문입니다.

2023년 가을, 하버드대 학생 대상 글쓰기 수업에서 하버드 글쓰기 센터 제인 로젠츠바이크 소장은 학생들에게 '생성형 AI가 어떻게 작동하는가'를 탐구하여 설명하게 합니다. 이 과제 덕분에 학생들은 챗 GPT 같은 생성형 AI가 어떻게 작동하는지 이해했고, 그 결과 학생들은 생성 AI가 만든 결과물에 더 비판적이고 더 회의적이며 더 박식해집니다. 또한 학생들이 생성 AI 사용에 더욱 신중해졌다고 전합니다.

2023년 말, 제인 로젠츠바이크 소장은 글을 쓰는 것은 우리가 생각하는 것을 파악하는 방법이기 때문에 그 과정을 생성 AI에 아웃소싱해서는 안 된다고 단호하게 말합니다.

"글쓰기 기계가 단어를 생성할 수 있다고 해서 생각을 생성할 수 있는 것은 아닙니다. AI가 만들어 준 당신의 단어는 실제로 다른 사람이 만든 것일 수도 있습니다."

그는 글쓰기 수업 내내 '우리는 글쓰기를 통해서만 생각할 수 있다'는 규칙만을 강조합니다. 글을 쓰는 것만이 우리가 생각하는 것을 파악하는 유일한 방법은 아니지만, 글쓰기는 그 과정에서 사고를 명확하게 하고 구체적으로 만드는 거의 유일한 사고방식임을 강조합니다. 그는 글쓰기 초안을 만들고 그것을 여러 차례 다시 쓰고 고치고 하면서 글로 쓰려는 내용에 대해 이해도를 높이는 데 도움이 될 수 있기 때문이라고 밝힙니다. 그리고 강력하고 거침이 없는 AI 글쓰기 기계에게 글쓰기를 아웃소싱하는 것은 사고 기능을 아웃소싱하는 것이라고 강력하게 경고하는 것도 잊지 않습니다.

—
비판적 사고력 없이는
절대 성공 불가

나는 이십수년 차 글쓰기 코치입니다. 동시에 소방수입니다. 기업과 조직, 대학 그리고 개인들이 당면한 급한 불을 끄는 데 동원됐죠. 사업과 학업과 경력에 있어 성과를 망치는 결정적인 순간의 문제 해결을 도왔습니다.

중요한 일일수록 결정적인 순간은 글쓰기로 인한 문제입니다. 특히 기업 업무는 문서화 작업이 필수입니다. 보고서든 이메일이든 메신저로든 글쓰기를 통한 의사소통이 잘 이뤄지지 않으면 생산성이 뚝뚝 떨어지고 성과 목표를 달성할 수 없습니다. 정부 부처에서 지방 자치 단체까지, 서울 강남구청에서 땅끝 해남군청까지, 삼성 같은 국내 최고의 기업에서 갓 탄생한 바이오 벤처 기업까지, 신입 사원 연수에서 퇴직 앞둔 직원의 공로 연수까지 업태·업종·직종·직무·직급을 불문하고 그들의 서툰 글쓰기가 망쳐 놓은 곤란과 혼란을 생생하게 목격했습니다. 그런 순간에 맞닥뜨린 기업과 조직에서는 그런 문제 상황을 단지 글쓰기의 문제로 진단하고 나에게 S.O.S를 치지만, 얼핏 보기에도 원인은 사고력의 문제였습니다.

이런 과정에서 본의 아니게 망해 가는 조직의 치부, 간부들의 생각의 민낯, 구성원의 허약한 머릿속을 훔쳐봤고 이 모든 것이 취약한 사고력이 야기한 치명타임을 알았습니다. 그런 상황에 호출받아 소방수로 불려 간 내가 한 일은 급한 불을 끄는 한편 사고력을 순간 증강하는 솔루션을 처방하고 교육하는 일이었습니다. 겉으로는 글쓰기 교육이었지만 의도와 목표는 사고력 향상이었습니다.

나는 또 구원 투수입니다. 글쓰기 코치로 내가 만난 사람들은 대학 입시 때부터 퇴직할 때까지, 창업할 때부터 폐업할 때까지 누구도 글쓰기에서 자유롭지 못했고 거의 대부분 글쓰기가 부실했습니다. 퇴사나 퇴직으로 조직이라는 외피를 벗어 버렸거나 아예 외피를 입어 본 적 없는 개인은 더욱 심각합니다. 상사의 잔소리와 동료의 눈치를 봐 가며 의도적인 글쓰기를 하지 않아도 되거나 해 본 적 없는 그들의 글쓰기가 봐 줄 만할 리 없습니다. 그들에게 글쓰기는 일과 삶의 모든 국면에 치명타로 작용합니다. 이런 상황에 나는 구원 투수로 등판하여 가까스로 몰수 게임 패를 막습니다. 글쓰기 코치로, 급한 불을 끄는 소방수로, 구원 투수로 일한 이십수년은 다음 두 가지를 거듭거듭 확인한 시간이었습니다.

1. 글쓰기가 안되는 것은 생각하기가 안되기 때문이며 생각하기가 힘든 것은 생각하기를 배우고 연습한 적 없어서다.
2. 비판적 사고력 없이는 삶이 요구하는 어떤 역량도 불가능하다. 학업적 역량도 직업적 역량도.

이 두 가지는 결국 비판적 사고력 없이는 우리가 바라는 어떤 기대도 성공도 불가능하다는 뜻입니다.

여기까지, 당신이 읽은 이 책의 제목은《150년 하버드 사고력 수업(修業)》입니다. 하버드대학의 사고력을 강의하는 게 아니고, 가르치고 전달하는 수업(授業)도 아니고, 배우고 익히며 닦는다는 뜻의 수업(修業)입니다. 누구든 마음만 먹으면 하버드를 비롯한 세계적인 명문 대학들이 오랜 시간 가르치고 습득하게 한 비판적 사고력을 수업(修業)하도록 내용을 꾸몄습니다.

비판적 사고력은 그동안에도 일과 일자리를 지켜 주는 무기였으나 급가속되는 AI 시대에는 일과 일자리를 보전하는 데 반드시 필요한 초능력입니다. 초능력이 강의로 수업(授業)쯤으로 가능할 리 없습니다. 이 책에서 제시한 3찰 포맷 사고법으로 생각하기와 저널링을 수업(修業)하여 연습하면 비판적 사고 루틴이 당신의 습관이 됩니다.

그런 후라면 당신은 비판적 사고력이라는 초능력과 함께 생각하는 용기를 갖게 될 것입니다. 생각하는 용기와 비판적으로 생각하는 습관으로 무장한 당신이라면 어떤 시대가 오든 어떻게 세상이 바뀌든 당신의 힘으로 당신의 일과 삶을 당신이 원하는 방식으로 만들고 꾸려 갈 수 있을 것이라 장담합니다. 비판적 사고력이라는 생각하는 용기를 갖춘 당신이라면 하버드대학의 신신당부대로 다르게 생각할 용기를 갖게 될 것입니다. 비판적 사고력을 키우기 위해 배우고 연습할 당신의 수고를 응원합니다.

1636년에 개교하여 세계 최고 명문 대학이라는 브랜드 파워를 일궈 온 하버드대학의 사고력 수업을 마칩니다.

세계 최고 명문 대학이 전수하는 생각 비법

150년 하버드 사고력 수업

ⓒ 송숙희 2024

1판 1쇄 2024년 3월 27일
1판 2쇄 2024년 4월 17일

지은이 송숙희
펴낸이 유경민 노종한
책임편집 이현정
기획편집 유노북스 이현정 조혜진 권혜지 정현석 **유노라이프** 권순범 구혜진 **유노책주** 김세민 이지윤
기획마케팅 1팀 우현권 이상운 **2팀** 이선영 김승혜
디자인 남다희 홍진기 허정수
기획관리 차은영
펴낸곳 유노콘텐츠그룹 주식회사
법인등록번호 110111-8138128
주소 서울시 마포구 월드컵로20길 5, 4층
전화 02-323-7763 **팩스** 02-323-7764 **이메일** info@uknowbooks.com

ISBN 979-11-7183-019-0(03190)